Johanna Kirsch

Mikrowelle kombiniert

So nutzen Sie Ihr Gerät richtig.
Knusprige Aufläufe,
Fleischgerichte, feine Desserts und
Kuchen gelingen ganz leicht.

GU Gräfe
und
Unzer

Umschlag-Vorderseite
Gänsebrust mit Orangensauce, ein edles Gericht, das im Mikrowellen-Gerät verblüffend schnell zubereitet ist. Das Rezept finden Sie auf Seite 31. Blattspinat brauchen Sie nur nach Belieben zu würzen und bei 600 Watt etwa 5 Minuten zu dünsten.
2. Umschlagseite
Cannelloni mit Gemüse und Ricotta gelingen ebenfalls ganz unkompliziert. Rezept auf Seite 32.
3. Umschlagseite
Welches Geschirr Sie im Kombinationsgerät am besten verwenden, wird auf den Seiten 6 und 7 erläutert.

Johanna Kirsch

stammt aus Hamburg und hat Biologie studiert. Seit ihrer Kindheit hat sie sich schon immer für das Kochen interessiert, vor allem aber für die Technik des Kochens. So ist es naheliegend, daß Garen mit Mikrowellen sie besonders fasziniert und sie ihre Erfahrungen in einem Kochbuch zu diesem Thema zusammengefaßt hat.
Heute lebt Johanna Kirsch mit ihrem Mann und ihren drei Kindern in der Nähe des Bodensees.

CIP-Titelaufnahme der Deutschen Bibliothek
Kirsch, Johanna:
Mikrowelle kombiniert: so nutzen Sie Ihr Gerät richtig; knusprige Aufläufe, Fleischgerichte, feine Desserts und Kuchen gelingen ganz leicht / Johanna Kirsch. - 1. Aufl. - München: Gräfe und Unzer, 1989
(GU-Küchen-Ratgeber)
ISBN 3-7742-3341-1

1. Auflage 1989

Redaktion: Adelheid Schmidt-Thomé
Herstellung: Ulrike Laqua (DTP)
Farbfotos: Fotostudio Teubner
Zeichnungen. Gerlind Bruhn
Umschlaggestaltung: Heinz Kraxenberger
Druck: Appl, Wemding
Reproduktionen: Brend'amour, Simhart & Co.
Bindung: R. Oldenbourg
ISBN 3-7742-3341-1

Wichtiger Warnhinweis

Bevor Sie Ihr Mikrowellengerät in Betrieb nehmen, sollten Sie sich gründlich anhand der Gebrauchsanleitung damit vertraut machen. Bitte lesen Sie außerdem auch die Angaben auf den theoretischen Seiten diese Buches. Zu beachten ist besonders, daß es beim Erhitzen von Flüssigkeiten zu einem Siedeverzug kommen kann, das heißt, daß die Flüssigkeit zuerst zu brodeln anfängt, wenn das Gefäß aus dem Gerät genommen wird (Verbrennungsgefahr!). Deshalb die Flüssigkeit am besten nach der angegebenen Garzeit im Gerät noch ein wenig abkühlen lassen oder mit einem Glasstäbchen im Gefäß erhitzen (das sorgt für eine gleichmäßige Erwärmung). Wenn Sie Fragen haben und trotz aller Hinweise unsicher sind, wenden Sie sich am besten an die Beratungszentren Ihres Energieversorgungsunternehmens, an die Verbraucherzentrale in Ihrer Stadt oder an den Hersteller. Neue Geräte sind gesundheitlich unbedenklich. Es ist jedoch empfehlenswert, sie nach einiger Zeit auf Strahlendichtigkeit hin untersuchen zu lassen. Fragen Sie Ihren Fachhändler.

Sie finden in diesem Buch

Ein Wort zuvor

Mikrowellengeräte halten in immer mehr Haushalten Einzug und sind in vielen Haushalten bereits ein so fester Bestandteil wie Herd oder Kühlschrank. Diejenigen unter Ihnen, die bereits Erfahrung mit der »schnellen Welle« gesammelt haben, wissen die Vorzüge dieser relativ neuen Garmethode sicher schon zu schätzen. Aber auch Neulinge auf dem Gebiet der »Mikrowellengarkunst« werden schon nach wenigen Versuchen von der Daseinsberechtigung dieser neuen Gartechnik überzeugt sein.

Für viele Gerichte, beispielsweise cremige Saucen oder um Gemüse knackig zu garen, ist die Solo- Mikrowelle geradezu ideal. Andere Gerichte aber werden erst durch die Kombination von Mikrowellen mit einer konventionellen Hitzequelle (Umluft, Ober- und Unterhitze oder Grill) so köstlich, wie wir es vom »normalen« Garen gewöhnt sind. Denn was wäre ein saftiger Braten ohne appetitlich braune Kruste? Bei der Zubereitung in einem Kombinationsgerät verbinden sich also schnelles Garen und gewohnt gutes Ergebnis auf optimale Weise. Zudem können Sie jedes Kombinationsgerät als Sologerät nutzen, also auch die Gerichte zubereiten, die nur mit Mikrowellen vielleicht besser gelingen.

Das Kombinationsgerät läßt sich genauso leicht bedienen wie ein Sologerät. Bei der Einarbeitung in die neue Technik unterstützen Sie die Gebrauchsanweisung und das Rezeptheft, die Ihrem Gerät beiliegen. Dort finden Sie auch Tabellen mit den Zeiten für das Auftauen und Erwärmen von Lebensmitteln, so daß Sie rund um die Mikrowellen umfassend informiert sind.

In diesem neuen GU Küchen-Ratgeber möchte ich Ihnen zeigen, wie man die verschiedensten Gerichte im Kombinationsgerät ohne Mühe schmackhaft zubereiten kann. Ich habe die Rezepte so ausführlich beschrieben, daß sie sicher auch Anfängern problemlos gelingen. Sie finden kleine Gerichte wie Blätterteigtaschen mit Hackfleisch und Gemüse, die Sie unerwarteten Gästen in kürzester Zeit servieren können. Oder Sie probieren einmal eine gegrillte Lachsforelle mit Knoblauchmayonnaise. Dem Fleisch, das im Kombinationsgerät besonders gut gelingt, ist ein umfangreiches Kapitel gewidmet. Dort finden Sie beispielsweise einen Rinderbraten mit Tomaten und Pilzen, Roastbeef mit Sauce Béarnaise oder Gänsebrust mit Orangensauce. Doch auch Aufläufe wie Nudelauflauf mit Spinat und Pilzen und Gratins kommen nicht zu kurz. Und zu guter Letzt geht es ans Backen. Ein Kuchen mit vielen feuchten Zutaten wie Nüssen, Milchprodukten oder Obst gelingt im Kombinationsgerät hervorragend.

Wie vielfältig die Zubereitungsmöglichkeiten im Kombinationsgerät sind, beweisen schon die brillanten Farbfotos in diesem GU Küchen-Ratgeber. Die Zubereitung von Gerichten, die etwas komplizierter sind, wird in Schritt-für-Schritt-Aufnahmen ausführlich gezeigt. Tips und informative Zeichnungen werden Ihnen das Nachkochen zusätzlich erleichtern.

Wenn Sie erst einmal einige Rezepte ausprobiert und herausgefunden haben, wie einfach das Garen im Kombinationsgerät ist, werden Sie sicher auch zu eigenen Kreationen angeregt.

Und nun wünsche ich Ihnen viel Spaß beim Garen mit der »schnellen« und diesem Fall »heißen« Welle und guten Appetit.

Ihre Johanna Kirsch

Wissenswertes über Mikrowellengeräte

Wie funktionieren Mikrowellen?

Mikrowellen sind elektromagnetische Wellen mit einer Frequenz von 2450 Megahertz. Sie erreichen eine Länge von etwa 12,25 cm. Im Gegensatz zu den konventionellen Zubereitungsarten, bei denen die Hitze über den Topf an das Gargut abgegeben wird und langsam von außen nach innen in das Lebensmittel dringt, gelangen die Mikrowellen direkt in das Gargut. Die Wasser-, Fett- und Zuckermoleküle des Lebensmittels geraten durch die Mikrowellen in Schwingung, reiben aneinander und zeugen so die Wärme, die zum Garen erforderlich ist. Da hauptsächlich die Wassermoleküle in Schwingung geraten, eignen sich – sowohl für den Solo- als auch für den Kombinationsbetrieb – feuchte Lebensmittel beziehungsweise Gerichte mit solchen Zutaten am besten für das Garen im Mikrowellengerät. Beim reinen Mikrowellenbetrieb ohne Zuschaltung von anderen Hitzequellen erwärmt sich das Geschirr nur durch die Hitze, die das gegarte Lebensmittel abgibt, nicht aber durch die Mikrowellen.

Die verschiedenen Geräte

Alle Mikrowellengeräte haben ein sogenanntes Magnetron, in dem Strom in Mikrowellenenergie umgewandelt wird. Durch einen Hohlleiter gelangen die Mikrowellen dann in den Garraum, wo sie auf das Gargut treffen. Damit die Wellen möglichst gleichmäßig im Garraum verteilt werden, bewegt sich dieser Hohlleiter. Er ist entweder als sich drehende Antennenscheibe oder als Propeller im Gerät angebracht. Manche Modelle haben einen Drehteller am Boden des Garraum, auf den man das Gargut stellt, das sich dann während des gesamten Garvorgangs gleichmäßig auf dem Teller dreht. Hier ist es wichtig, das Gefäß mit den Lebensmitteln möglichst an den Rand des Drehtellers zu stellen, da in die Mitte des Tellers am wenigsten Mikrowellenenergie gelangt.

Inzwischen sind fast alle Mikrowellengeräte (auch Kombinationsgeräte) mit verschiedenen Leistungsstufen ausgestattet. Es gibt eine hohe Leistungsstufe von 500-720 Watt, die zum Garen und Erwärmen dient, eine verringerte von etwa 490 Watt zum Garen von empfindlichen Lebensmitteln sowie eine Stufe von 330-360 Watt zum Fortgaren bei längeren Garzeiten. Außerdem haben alle Geräte eine sogenannte Auftaustufe, um tiefgefrorene Lebensmittel in kurzer Zeit schonend aufzutauen. Manche Geräte sind stufenlos schaltbar, das heißt, man kann eine Leistung von 10 % (bei einem 600-Watt-Gerät 60 Watt) bis 100 % (bei einem 600-Watt-Gerät 600 Watt) wählen.

Kombinationsgeräte unterscheiden sich von Mikrowellen-Sologeräten dadurch, daß man zu den Mikrowellen eine andere Beheizungsart wie Grill, Ober- und Unterhitze beziehungsweise Umluft zuschalten kann. Diese Geräte bieten eine größere Bandbreite an Zubereitungsmöglichkeiten, denn in ihnen gelingen auch Gerichte, die für den Mikrowellen-Solobetrieb nicht so gut geeignet sind. So wird beispielsweise ein großer Braten im Mikrowellen-Sologerät zwar gar, aber nicht gebräunt. Das leistet dann das Kombinationsgerät mit seiner zusätzlichen Hitzequelle. Und natürlich können Sie jedes Kombinationsgerät auch als Sologerät nutzen. Im Solobetrieb gelingen beispielsweise Fischstücke mit Sauce, Suppen und Gemüsegerichte sehr gut. Die Kombination Mikrowellen und Ober- und Unterhitze eignet sich besonders gut zum Backen von süßen und pikanten Kuchen und für Gerichte, die etwas weniger Feuchtigkeit enthalten. Mikrowellen mit Umluft sind beson-

ders gut geeignet für Aufläufe und Gerichte mit einem höheren Fettanteil. Sie können jedoch alle Gerichte in diesem Buch sowohl in einem Kombinationsgerät mit Umluft als auch in einem mit Ober- und Unterhitze zubereiten, sie gelingen nahezu gleich gut. In den Rezepten sind jeweils beide Möglichkeiten angegeben. Die Kombination von Mikrowelle und Grill eignet sich für Gerichte, die eine kurze Garzeit haben und trotzdem braun werden sollen, für Fleisch mit hohem Fettanteil wie Gänsebrust und für ganze Fische.
Einige Kombinationsgeräte sind mit verschiedenen Garprogrammen ausgestattet. Die Mikrowellenwahl und die Gradeinstellung lassen sich also nicht frei wählen. Die Zusammensetzung dieser Programme, die in der Gebrauchsanweisung meist nicht angegeben sind, erfahren Sie beim Hersteller Ihres Gerätes.
Die Vorteile eines Mikrowellen-Kombinationsgerätes liegen darin, daß die Gerichte wie auch im Sologerät eine kürzere Garzeit haben, aber trotzdem braun werden. Beispielsweise werden große Braten im Mikrowellenkombinationsgerät in etwa der Hälfte der gewohnten Zeit gar und gebräunt und bleiben außerdem durch die kurze Garzeit besonders saftig. Doch auch, wenn Sie ein Kombinationsgerät haben, sollten Sie Gerichte mit sehr kurzer Garzeit wie beispielsweise ein Steak weiterhin in der Pfanne braten und nicht etwa unter den Grill schieben.

Welches Geschirr ist geeignet?
Bild 3. Umschlagseite

Viele Geschirrteile, die Sie zum Garen, Auftauen oder Erwärmen im Mikrowellengerät brauchen, haben Sie sicher in Ihrem Haushalt. In der nachfolgenden Übersicht finden Sie eine Aufstellung, welches Geschirr Sie am besten verwenden.

Alufolien und -behälter
In Alufolie eingewickelte Lebensmittel werden von den Mikrowellen nicht erreicht, da diese von Metall reflektiert werden. Im Kombinationsbetrieb würde das Gargut also nur durch die zusätzliche Beheizungsart wie Umluft erwärmt. Die Tatsache, daß Mikrowellen von Metall reflektiert werden, hat jedoch auch einen Vorteil. Wenn Sie beispielsweise ein Hähnchen auftauen möchten, können Sie die Flügel und die Keulen nach der Hälfte der Auftauzeit mit Alufolie umwickeln. So verhindern Sie, daß die dünneren Teile bereits zu garen beginnen, während die dickeren noch nicht ganz aufgetaut sind.

Backformen
Für das Backen im Kombinationsgerät sind Formen aus Schwarzblech oder schwarz beschichtete Formen am besten geeignet, da sie eine sehr gute Wärmeleitung haben. Das Gebäck wird dadurch in der kurzen Backzeit auch am Boden knusprig braun, während es in Formen aus Glas oder Weißblech eher blaß bleibt.

Bratbeutel
Sie sind sehr gut für das Garen im Mikrowellen-Kombinationsgerät geeignet. Die Gerichte werden im eigenen Saft oder in der Flüssigkeit, die Sie in den Beutel füllen,

Wissenswertes über Mikrowellen

aromatisch gegart. Außerdem verschmutzt das Gerät nicht. Die Metallverschlüsse, die den Bratbeuteln oder Folien meist beiliegen, müssen Sie allerdings durch Küchengarn oder einen anderen festen Baumwollfaden ersetzen. Die Metallverschlüsse werden beim Garen zu heiß, und die Folie würde schmelzen. Bratbeutel müssen Sie außerdem wie gewohnt mit einer Nadel mehrmals einstechen, damit der Dampf entweichen kann.

Folien

Folien sind zum Garen im Mikrowellen-Solobetrieb geeignet, wenn die Gefäße keinen Deckel haben. Allerdings kann dünne Folie bei längeren Garzeiten durch den entstehenden heißen Dampf schmelzen. Inzwischen gibt es im Handel eine spezielle, hocherhitzbare Mikrowellenfolie, die bis zu 140° erhitzt werden kann und als Deckelersatz geeignet ist. Die Folie ist auch bereits mit Löchern versehen, so daß der Dampf entweichen kann. Für den Kombinationsbetrieb sind Klarsichtfolien wie auch die spezielle Mikrowellenfolie nicht geeignet. Sie würden schmelzen.

Glas

Feuerfestes Glas ohne Metalleinschlüsse ist sehr gut für das Garen im Mikrowellengerät geeignet. Ein besonderer Vorteil: Sie können das Gericht beim Garen gut beobachten.

Keramik, Steingut und Ton

Viele feuerfeste Formen und auch das meiste spezielle Mikrowellengeschirr sind aus Keramik. Es ist also prinzipiell gut geeignet. Sie sollten jedoch vorsichtshalber den **Geschirrtest** machen, um festzustellen, ob die Glasur des Geschirrs metallhaltig ist. Für den Test das leere Geschirr bei voller Leistung etwa 1/2 Minute in das Gerät stellen. Bleibt es kalt oder erwärmt es sich nur leicht, ist es geeignet.

Kunststoff

Geschirr aus diesem Material ist für den Solobetrieb, nicht aber für den Kombinationsbetrieb geeignet. Sie können es also zum Beispiel nur für das Vorgaren von Gemüse verwenden. Und auch dann müssen die Gefäße hitzebeständig sein, denn die Gerichte werden ja heiß.

Metall

Metallgefäße eignen sich nicht für das Garen im Mikrowellengerät, da die Mikrowellen vom Metall reflektiert werden und nicht an das Gargut gelangen können. Eine Ausnahme bilden die erwähnten Backformen aus Schwarzblech.

Porzellan

Ungefärbtes Porzellangeschirr ohne Metalldekor ist für das Garen und Erwärmen im Mikrowellengerät geeignet. Für den Kombinationsbetrieb eignen sich nur Gefäße aus feuerfestem Porzellan.

Form der Gefäße

Runde und ovale Gefäße eignen sich zum Garen im Mikrowellengerät besser als eckige, da sich die Energie der Mikrowellen in den Ecken des Gefäßes konzentriert und das Gericht dadurch an diesen Stellen schneller gar wird. Außerdem sind flache Gefäße besser als hohe, da die Mikrowellen sich auf der größeren Oberfläche besser verteilen und das Gericht schneller gar wird.

Wichtig: Alle Gefäße für den Kombinationsbetrieb müssen feuerfest und mikrowellengeeignet sein. Geschirr mit Sprüngen sollten Sie nicht verwenden. In den Sprüngen sammelt sich Wasser, das sich durch die Wärme ausdehnt und das Geschirr sprengen könnte. Bedenken Sie außerdem immer, daß die Gefäße im Kombinationsgerät heiß werden.

Kleine Gerichte

Überbackene Pilzsuppe

Statt mit Pilzen können Sie diese Suppe auch mit gewürfelten Zwiebeln oder Zucchini zubereiten.

Zutaten für 3 Personen:
1 weiße Zwiebel · 400 g Champignons oder Egerlinge · 2 Eßl. Zitronensaft · 1 Bund Petersilie · 15 g Butter · ½ l Fleischbrühe · Salz · weißer Pfeffer · 100 g mittelalter Gouda in dünnen Scheiben
Pro Person etwa 790 kJ/190 kcal
12 g Eiweiß · 14 g Fett · 2 g Kohlenhydrate

* Vorbereitungszeit: etwa 20 Min.
* Garzeit bei:
  Mikrowellenleistung 600 Watt   8 Min.
  Mikrowellenleistung 360 Watt }
  mit Grill   starke Stufe } 3 Min.
  Gesamtgarzeit: 11 Min.

So wird's gemacht:
1. Die Zwiebel fein hacken. Die Pilze putzen und gegebenenfalls kurz kalt abspülen, dann in kleine Würfel schneiden. Die Pilze mit dem Zitronensaft mischen. Die Petersilie waschen, trockenschwenken und sehr fein hacken.
2. Die Zwiebel, die Pilze und die Petersilie in eine mikrowellengeeignete Form mit Deckel geben. Die Butter in kleine Stücke schneiden und darauf legen.
3. Die Pilze bei 600 Watt offen etwa 6 Minuten garen. Dabei nach der Hälfte der Zeit gründlich durchrühren.
4. Die Fleischbrühe angießen und alles mit Salz und Pfeffer pikant abschmecken. Die Suppe bei 600 Watt zugedeckt weitere 2 Minuten garen, bis die Brühe heiß ist.
5. Die Suppe in drei feuerfeste, mikrowellengeeignete Suppentassen füllen. Den Käse darauf verteilen.

6. Die Suppentassen auf dem Rost in die obere Schiene des Gerätes schieben und die Suppe bei Mikrowellenleistung 360 Watt und starker Grillstufe etwa 3 Minuten garen, bis der Käse zerlaufen und gebräunt ist. Die Suppe heiß servieren.

Das paßt dazu: Stangenweißbrot

Gegrillte Wollwürste mit Johannisbeerglasur

Zutaten für 3 Personen:
1½ Eßl. Johannisbeergelee ·
Saft von ½ Zitrone · 1-2 Teel. scharfer Senf · einige kräftige Spritzer Tabascosauce · Salz · 1 Eßl. Pflanzenöl · 6 Wollwürste
Pro Person etwa 3100 kJ/740 kcal
28 g Eiweiß · 69 g Fett · 4 g Kohlenhydrate

* Vorbereitungszeit: etwa 10 Min.
* Garzeit bei:
  Mikrowellenleistung 360 Watt }
  mit Grill   mittlere Stufe } 9 Min.

So wird's gemacht:
1. Das Johannisbeergelee durch ein feines Sieb in ein Schälchen streichen, dann mit dem Zitronensaft, dem Senf, der Tabascosauce, Salz und dem Öl gründlich verrühren. Die Glasur abschmecken; sie soll sehr pikant sein. Eventuell noch etwas Tabascosauce untermischen.
2. Die Wollwürste in die Fettpfanne des Gerätes legen und mit etwa einem Viertel der Glasur bestreichen.
3. Die Würste in die mittlere Schiene des Gerätes geben und bei Mikrowellenleistung 360 Watt und mittlerer Grillstufe etwa 5 Minuten garen. Dabei noch einmal mit einem weiteren Viertel der Glasur bestreichen.

Kleine Gerichte

4. Die Würstchen wenden, mit der restlichen Glasur bestreichen und in weiteren 4 Minuten fertig garen.
5. Die Würstchen heiß servieren.

Das paßt dazu: Kartoffelsalat mit Gurkenscheiben oder – wenn es nur ein kleiner Imbiß sein soll – Blattsalat und Brot

Mein Tip Wollwürste schmecken ziemlich mild. Sie sollten die Glasur deshalb wirklich gut abschmecken. Wenn Sie es kräftiger mögen, verwenden Sie Scheiben von Fleischwurst oder Bierschinken.

Überbackene Tomaten

Dieses kleine Gericht ist schnell zubereitet und schmeckt am besten im Sommer, wenn es vollreife Tomaten und Kräuter aus Freilandanbau zu kaufen gibt.

Zutaten für 4 Personen:
4 mittelgroße, feste Fleischtomaten · je 1 Bund Petersilie und Basilikum · ½ Bund Thymian · 1 Knoblauchzehe · 150 g Schafkäse · Salz · weißer Pfeffer, frisch gemahlen · 1 Prise Cayennepfeffer · ½ Eßl. Olivenöl
Pro Person etwa 570 kJ/140 kcal
7 g Eiweiß · 9 g Fett · 5 g Kohlenhydrate

• Vorbereitungszeit: etwa 25 Min.
• Garzeit bei:
  Mikrowellenleistung 360 Watt ⎱
  mit Grill   mittlere Stufe ⎰ 8 Min.

So wird's gemacht:
1. Die Tomaten waschen, dann quer zu den Samenkammern halbieren. Die Stielansätze

herausschneiden. Das Tomatenfleisch mit einem Teelöffel herauslösen.
2. Das Tomatenfleisch fein würfeln. Die Kräuter waschen und trockenschwenken. Die Petersilie und das Basilikum ohne die groben Stiele fein hacken. Die Thymianblättchen von den Stielen streifen. Die Knoblauchzehe fein hacken oder durch die Knoblauchpresse drücken. Den Schafkäse abtropfen lassen und in kleine Würfel schneiden.

Wenn Sie Tomaten auf diese Weise in Scheiben schneiden, fallen die Kerne nicht heraus.

3. Das gewürfelte Tomatenfleisch mit den Kräutern, dem Knoblauch und dem Schafkäse mischen und mit wenig Salz (der Käse ist meist stark gesalzen), reichlich Pfeffer und dem Cayennepfeffer pikant abschmecken. Die Masse in die ausgehöhlten Tomatenhälften füllen.
4. Die Tomaten in die Fettpfanne des Gerätes setzen und mit dem Öl beträufeln. Die Tomaten in die mittlere Schiene des Gerätes geben und bei Mikrowellenleistung 360 Watt und mittlerer Grillstufe etwa 8 Minuten überbacken, bis der Käse leicht gebräunt ist.
5. Die Tomaten heiß oder lauwarm abgekühlt servieren.

Das paßt dazu: Stangenweißbrot oder auch Vollkornbrot

Überbackener Spinat mit Walnüssen und Schinken

Mit Salzkartoffeln oder Reis ist dieses Gericht eine komplette Hauptmahlzeit für 2 Personen.

Zutaten für 4 Personen:
300 g Blattspinat · 1 Schalotte · 1 Knoblauch-
zehe · 60 g milder roher Schinken ·
25 g Walnußkerne · Saft von ½ kleinen
Zitrone · Salz · weißer Pfeffer, frisch gemah-
len · 150 g Mozzarella · 2 Teel. Olivenöl
Pro Person etwa 1000 kJ/240 kcal
13 g Eiweiß · 19 g Fett · 2 g Kohlenhydrate

- Vorbereitungszeit: etwa 25 Min.
- Garzeit bei:

Mikrowellenleistung 600 Watt	4 Min.
Mikrowellenleistung 360 Watt mit Grill mittlere Stufe	} 10 Min.
Gesamtgarzeit:	14 Min.

So wird's gemacht:
1. Den Spinat von allen welken Blättern und den groben Stielen befreien und in stehendem kaltem Wasser mehrmals gründlich waschen, dabei das Wasser wechseln.
2. Den Spinat nur kurz abtropfen lassen, dann in ein mikrowellengeeignetes Gefäß mit Deckel geben und bei 600 Watt zugedeckt in etwa 4 Minuten zusammenfallen lassen. Den Spinat dabei einmal durchrühren.
3. Die Schalotte und die Knoblauchzehe sehr fein hacken. Den Schinken in schmale Streifen schneiden. Die Walnußkerne mit einem großen schweren Messer grob hacken.
4. Den Spinat abtropfen lassen, dann mit der Schalotte, dem Knoblauch, dem Schinken und den Walnüssen mischen. Den Spinat mit dem Zitronensaft, Salz und Pfeffer würzen und in vier feuerfeste, mikrowellengeeignete Förm-chen oder eine große feuerfeste Form vertei-len. Den Mozzarella abtropfen lassen, in Scheiben schneiden und auf den Spinat legen. Das Olivenöl darüber träufeln.
5. Die Förmchen oder die Form auf dem Rost in die mittlere Schiene des Gerätes geben und den Spinat bei Mikrowellenleistung 360 Watt und mittlerer Grillstufe etwa 10 Minuten garen, bis der Mozzarella zerlaufen und leicht gebräunt ist.

Das paßt dazu: Stangenweißbrot

Blätterteigtaschen mit Hackfleisch und Gemüse
Bild Seite 17

Zutaten für 5 Personen:
300 g tiefgefrorener Blätterteig · 1 Stange
Lauch · 1 Knoblauchzehe · 2 kleine Möhren ·
1 Stück Knollensellerie (etwa 80 g) ·
400 g Tomaten · 1 Bund Petersilie ·
300 g Rinderhackfleisch · 50 g Parmesan,
frisch gerieben · 2-3 Eßl. Semmelbrösel ·
Salz · weißer Pfeffer, frisch gemahlen ·
1 kräftige Prise Cayennepfeffer
Zum Ausrollen: Mehl
Zum Bestreichen: 1 Eigelb · ½ Eßl. Milch
Pro Person etwa 2000 kJ/480 kcal
24 g Eiweiß · 28 g Fett · 31 g Kohlenhydrate

- Vorbereitungszeit: etwa 35 Min.
- Garzeit bei:

Mikrowellenleistung 600 Watt	6 Min.
Mikrowellenleistung 360 Watt mit Umluft 220°	
oder	} 12 Min.
Mikrowellenleistung 360 Watt mit Ober- und 240° Unterhitze	
Gesamtgarzeit:	18 Min.

Kleine Gerichte

So wird's gemacht:
1. Die Blätterteigplatten nebeneinander legen und auftauen lassen.
2. Inzwischen den Lauch putzen, waschen und in dünne Ringe schneiden. Die Knoblauchzehe fein hacken. Die Möhren und den Sellerie putzen, waschen und in Würfel schneiden. Die Tomaten überbrühen, kalt abschrecken und häuten. Die Tomaten ebenfalls in Würfel schneiden, dabei die Stielansätze entfernen. Die Petersilie waschen, trockenschwenken und fein hacken.
3. Das Hackfleisch mit dem kleingeschnittenen Gemüse in einem mikrowellengeeigneten Gefäß mischen. Die Masse offen bei 600 Watt etwa 6 Minuten garen, bis sich das Hackfleisch hell verfärbt hat. Dabei zweimal durchrühren.
4. Die Hackfleischmasse mit dem Parmesan und so viel Semmelbröseln mischen, bis sie zusammenhält und nicht mehr zu feucht ist. Dann mit Salz, Pfeffer und dem Cayennepfeffer pikant abschmecken.
5. Die Blätterteigplatten jeweils einzeln auf wenig Mehl etwa zur doppelten Größe ausrollen. An den Rändern mit kaltem Wasser bestreichen und jeweils zur Hälfte mit der Hackfleischfüllung belegen. Über der Füllung zusammenklappen und die Ränder mit einer Gabel gut zusammendrücken.
6. Die Fettpfanne des Mikrowellengerätes kalt abspülen und nicht abtrocknen. Die Blätterteigtaschen darauf legen.
7. Das Eigelb mit der Milch verquirlen und die Taschen damit bestreichen.
8. Die Blätterteigtaschen in die mittlere Schiene des Gerätes geben und bei Mikrowellenleistung 360 Watt und Umluft 220° etwa 12 Minuten garen, bis sie gebräunt sind.
9. Die Blätterteigtaschen heiß oder lauwarm servieren.

Das paßt dazu: eventuell ein gemischter Salat

Gegrillte Zucchini mit Mozzarella

Zutaten für 4 Personen:
400 g junge Zucchini · ½ Bund frischer Thymian · 1 Knoblauchzehe · 1 Eßl. Zitronensaft · Salz · weißer Pfeffer, frisch gemahlen · 150 g Mozzarella
Pro Person etwa 450 kJ/110 kcal
9 g Eiweiß · 6 g Fett · 2 g Kohlenhydrate

- Vorbereitungszeit: etwa 15 Min.
- Garzeit bei:
  Mikrowellenleistung 360 Watt ⎫
  mit Grill   mittlere Stufe ⎭   8 Min.

So wird's gemacht:
1. Die Zucchini waschen und putzen. Die Zucchini längs in etwa 1 cm dicke Streifen schneiden. Den Thymian waschen, trockentupfen und die Blättchen von den Stielen zupfen. Die Knoblauchzehe fein hacken.
2. Die Zucchini in die Fettpfanne des Gerätes legen und mit Salz und Pfeffer würzen. Den Zitronensaft darüber träufeln, den Thymian und den Knoblauch darauf streuen.
3. Den Mozzarella in Scheiben schneiden und auf den Zucchini verteilen.
4. Die Fettpfanne in die mittlere Schiene des Gerätes geben und die Zucchini bei Mikrowellenleistung 360 Watt und mittlerer Grillstufe etwa 8 Minuten garen, bis der Käse zerlaufen und gebräunt ist.

Das paßt dazu: Weiß- oder Vollkornbrot

Mein Tip Auf diese Art können Sie auch Pilze, zum Beispiel Austernpilze, oder Paprikaschoten – in dünne Streifen geschnitten – überbacken.

Kleine Gerichte

Zwiebel-Pilz-Toasts

Als kleine Vorspeise ist die Menge der Zutaten für 6 Personen ausreichend.

Zutaten für 3 Personen:
6 Scheiben Toastbrot · 125 g Champignons ·
1 Eßl. Zitronensaft · 100 g weiße Zwiebeln ·
½ Bund Petersilie · 1 Tomate ·
100 g Gorgonzola · 2 Eßl. Crème fraîche ·
weißer Pfeffer, frisch gemahlen ·
1 Prise Muskatnuß, frisch gerieben
Pro Person etwa 1200 kJ/290 kcal
12 g Eiweiß · 17 g Fett · 23 g Kohlenhydrate

- Vorbereitungszeit: etwa 30 Min.
- Garzeit bei:
Mikrowellenleistung 360 Watt mit Grill   starke Stufe } 6 Min.

So wird's gemacht:
1. Die Toastbrotscheiben im Toaster rösten.
2. Die Pilze putzen und gegebenenfalls kurz kalt abspülen, dann in Würfel schneiden. Die Pilze mit dem Zitronensaft mischen, damit sie sich nicht zu stark verfärben. Die Zwiebeln sehr fein hacken. Die Petersilie waschen, trockenschwenken und sehr fein hacken. Die Tomate waschen und in Würfel schneiden. Dabei den Stielansatz entfernen.
3. Den Gorgonzola mit einer Gabel fein zerdrücken und mit der Crème fraîche mischen. Die Pilze, die Zwiebeln, die Petersilie sowie die Tomate untermischen und die Masse mit reichlich Pfeffer und dem Muskat abschmecken.
4. Die Pilzmasse auf den Toastbroten verteilen und diese auf den Rost legen. Die Toasts in die mittlere Schiene des Gerätes geben und bei Mikrowellenleistung 360 Watt und starker Grillstufe etwa 6 Minuten garen, bis die Oberfläche leicht gebräunt ist.

Käsesoufflé mit Kräutern

Zutaten für 6 Personen:
je 1 Bund Petersilie und Schnittlauch ·
5 Eier · 70 g weiche Butter · Salz ·
1 kräftige Prise Muskatnuß, frisch gerieben ·
150 g Parmesan oder Bergkäse, frisch gerieben · 4 Eßl. Sahne · 30 g Mehl
Für die Form: etwas Butter
Pro Person etwa 1200 kJ/290 kcal
15 g Eiweiß · 23 g Fett · 4 g Kohlenhydrate

- Vorbereitungszeit: etwa 20 Min.
- Garzeit bei:
Mikrowellenleistung 360 Watt mit Umluft   200°
oder
Mikrowellenleistung 360 Watt mit Ober- und   220°
Unterhitze } 15 Min.

So wird's gemacht:
1. Eine mikrowellengeeignete, feuerfeste Souffléform von etwa 1 ½ l Inhalt nur am Boden mit etwas Butter ausstreichen.
2. Die Kräuter waschen, trockenschwenken und sehr fein schneiden.
3. Die Eier trennen. Die Butter mit den Eigelben, wenig Salz und dem Muskat schaumig rühren. Den Käse, die Kräuter und die Sahne unterrühren.
4. Die Eiweiße zu steifem Schnee schlagen und auf die Eigelbcreme gleiten lassen. Das Mehl darüber stäuben und mit dem Eischnee unter die Eigelbmasse heben.
5. Die Soufflémasse in die Form füllen.
6. Das Soufflé auf dem Rost in die untere Schiene des Gerätes geben und bei Mikrowellenleistung 360 Watt und Umluft 200° etwa 15 Minuten garen, bis es aufgegangen und schön gebräunt ist.
7. Das Soufflé sofort servieren.

Fischgerichte

Zander im Bratbeutel mit Sauce hollandaise

Der cremigen Sauce hollandaise geht der Ruf voraus, sie sei schwierig zuzubereiten. Im Mikrowellengerät gelingt sie in wenigen Minuten und völlig problemlos.

Zutaten für 4 Personen:
1 küchenfertiger Zander von etwa 1,2 kg · Saft von ½ Zitrone · Salz · weißer Pfeffer, frisch gemahlen · 2 Bund Frühlingszwiebeln · 200 g junge Möhren · 5 Eßl. trockener Weißwein
Zum Garen: 1 Bratbeutel oder 1 Stück Bratschlauch
Für die Sauce hollandaise: 150 g Butter · 3 Eigelb · 3 Eßl. lauwarmes Wasser · 1 Eßl. Zitronensaft · Salz · Cayennepfeffer
Pro Person etwa 2600 kJ/620 kcal
61 g Eiweiß · 38 g Fett · 6 g Kohlenhydrate

- Vorbereitungszeit: etwa 25 Min.
- Garzeit bei:

Mikrowellenleistung 360 Watt mit Umluft 190° **oder** Mikrowellenleistung 360 Watt mit Ober- und 210° Unterhitze	16 Min.
Mikrowellenleistung 600 Watt	1-2 Min.
Mikrowellenleistung 360 Watt	2 Min.
Gesamtgarzeit:	19-20 Min.

So wird's gemacht:
1. Den Zander innen und außen kalt abspülen und trockentupfen. Die Haut des Zanders seitlich vorsichtig mit einem scharfen Messer einritzen. Dabei darauf achten, daß Sie das zarte Fischfleisch nicht verletzen. Den Zander innen und außen mit dem Zitronensaft beträufeln und mit Salz und Pfeffer würzen.

2. Die Frühlingszwiebeln putzen, abspülen und mit etwa zwei Dritteln des zarten Grüns in etwa 1 cm lange Stücke schneiden. Die Möhren putzen, waschen und in etwa ½ cm dicke Stifte schneiden.
3. Den Fisch und das Gemüse mit dem Weißwein in einen Bratbeutel geben. Den Bratbeutel gut verschließen (siehe Seite 6) und auf die Fettpfanne des Gerätes legen. Den Bratbeutel an der Oberseite mit einer Nadel mehrmals einstechen. Wenn Sie einen Bratschlauch verwenden, müssen Sie diesen vor dem Einfüllen von Fisch und Gemüse an einem Ende ebenfalls mit Küchengarn verschließen. Dann den Schlauch auch am anderen Ende verschließen und an der Oberseite einstechen.
4. Die Fettpfanne auf die mittlere Schiene des Gerätes geben und bei Mikrowellenleistung 360 Watt und Umluft 190° etwa 16 Minuten garen. Den Bratbeutel dabei einmal in der Fettpfanne drehen.
5. Dann den Bratbeutel aus dem Gerät nehmen, mit Alufolie abdecken und beiseite stellen.
6. Für die Sauce hollandaise die Butter in Stücke schneiden, in ein feuerfestes (das Gerät ist noch heiß), mikrowellengeeignetes Gefäß geben und bei 600 Watt in 1-2 Minuten schmelzen lassen.
7. Inzwischen die Eigelbe mit dem Wasser in eine zweite feuerfeste, mikrowellengeeignete Form geben und mit den Quirlen des Handrührgerätes sehr schaumig schlagen.
8. Die flüssige Butter unter ständigem Weiterschlagen in dünnem Strahl unter die Eigelbmasse rühren.
9. Die Sauce bei 360 Watt in etwa 2 Minuten dickflüssig werden lassen.
10. Die Sauce hollandaise mit dem Schneebesen kräftig durchschlagen, dann mit dem Zitronensaft, Salz und einer kräftigen Prise Cayennepfeffer abschmecken.

11. Den Zander aus dem Bratbeutel nehmen und mit dem Gemüse auf einer vorgewärmten Platte anrichten.
12. Die Sauce hollandaise getrennt dazu servieren.

Das paßt dazu: Salzkartoffeln und eventuell gemischter Salat

Seelachs mit Pilzen und Lauch

Statt Seelachs können Sie für dieses Gericht auch Rotbarsch oder Seeteufelkoteletts verwenden.

Zutaten für 2 Personen:
200 g Champignons oder Egerlinge · 3 Eßl. Zitronensaft · 2 Stangen Lauch (etwa 250 g) · 1 Bund Schnittlauch · 1 Knoblauchzehe · 3 Eßl. Sahne · Salz · weißer Pfeffer, frisch gemahlen · 400 g Seelachsfilet · 25 g Butter Für die Form: Butter
Pro Person etwa 1500 kJ/360 kcal
42 g Eiweiß · 18 g Fett · 6 g Kohlenhydrate

• Vorbereitungszeit: etwa 35 Min.
• Garzeit bei:
  Mikrowellenleistung 360 Watt
  mit Umluft   200°
  oder   18 Min.
  Mikrowellenleistung 360 Watt
  mit Ober- und   220°
  Unterhitze

So wird's gemacht:
1. Die Pilze putzen und eventuell kurz kalt abspülen, dann blättrig schneiden. Die Pilze mit der Hälfte des Zitronensaftes mischen, damit sie sich nicht zu stark verfärben. Den Lauch putzen, waschen und in feine Ringe schneiden. Dabei etwa zwei Drittel des zarten Grüns mitverwenden. Den Schnittlauch waschen, trockenschwenken und in feine Röllchen schneiden. Die Knoblauchzehe fein hacken.
2. Die Pilze, den Lauch, den Schnittlauch und den Knoblauch mit der Sahne mischen und mit Salz und Pfeffer pikant abschmecken.
3. Das Seelachsfilet kalt abspülen, trockentupfen und halbieren. Die Stücke mit dem restlichen Zitronensaft beträufeln und mit Salz und Pfeffer würzen.
4. Eine feuerfeste, mikrowellengeeignete Form mit etwas Butter ausstreichen.
5. Die Hälfte der Pilzmischung in die Form geben. Die Seelachsstücke darauf legen und mit der restlichen Pilzmasse bedecken. Die Butter in Flöckchen schneiden und darauf verteilen.
6. Die Form auf dem Rost in die mittlere Schiene des Gerätes geben und das Gericht bei Mikrowellenleistung 360 Watt und Umluft 200° etwa 18 Minuten garen, bis die Oberfläche leicht gebräunt ist.

Das paßt dazu: Salzkartoffeln und Salat

Rotbarsch mit Paprikagemüse

Zutaten für 4 Personen:
700 g Rotbarschfilets · Saft von ½ Zitrone · 50 g durchwachsener Räucherspeck · 1 Zwiebel · 1 Knoblauchzehe · je 1 rote, grüne und gelbe Paprikaschote · 200 g Tomaten · 1 Bund Petersilie · Salz · weißer Pfeffer, frisch gemahlen · 1 Prise rosenscharfes Paprikapulver · 4 Eßl. trockener Rotwein · 20 g Butter
Pro Person etwa 1500 kJ/360 kcal
36 g Eiweiß · 19 g Fett · 8 g Kohlenhydrate

Fischgerichte

- Vorbereitungszeit: etwa 35 Min.
- Garzeit bei:

Mikrowellenleistung 600 Watt	2 Min.
Mikrowellenleistung 360 Watt mit Umluft 220°	
oder	15 Min.
Mikrowellenleistung 360 Watt mit Ober- und 240° Unterhitze	
Gesamtgarzeit:	17 Min.

So wird's gemacht:
1. Die Rotbarschfilets kalt abspülen, trockentupfen und mit dem Zitronensaft beträufeln. Den Fisch dann zugedeckt beiseite stellen.
2. Den Speck gegebenenfalls von Schwarte und Knorpeln befreien, dann in kleine Würfel schneiden. Die Zwiebel und die Knoblauchzehe fein hacken.
3. Den Speck mit der Zwiebel und dem Knoblauch in einer mikrowellengeeigneten Form mischen und offen bei 600 Watt etwa 2 Minuten garen. Dabei nach der Hälfte der Zeit gut durchrühren.
4. Die Paprikaschoten waschen, vierteln und von den Stielansätzen und den Trennwänden mit den Kernen befreien, dann in kleine Würfel schneiden. Die Tomaten überbrühen, abschrecken und häuten. Die Tomaten ebenfalls klein würfeln, dabei die Stielansätze herausschneiden. Die Petersilie waschen, trockenschwenken und sehr fein hacken.
5. Die Paprika- und die Tomatenwürfel mit der Speckmischung und der Petersilie mischen und mit Salz, Pfeffer und dem Paprikapulver pikant abschmecken. Den Rotwein unterrühren.
6. Die Hälfte der Gemüsemasse in eine längliche, feuerfeste und mikrowellengeeignete Form füllen. Die Rotbarschfilets mit Salz und Pfeffer würzen und auf dem Gemüse verteilen. Die restliche Gemüsemasse daraufgeben und mit der Butter in Flöckchen bedecken.

7. Die Form auf dem Rost in die mittlere Schiene des Gerätes geben und den Fisch bei Mikrowellenleistung 360 Watt und Umluft 220° etwa 15 Minuten garen, bis das Gemüse an der Oberfläche leicht gebräunt ist.

Das paßt dazu: Salzkartoffeln oder auch einfach Stangenweißbrot

Kabeljau mit Wurzelgemüse

Zutaten für 4 Personen:
1 Stück Kabeljau (etwa 900 g) ·
Saft von 1 kleinen Zitrone · 150 g Möhren ·
1 Stück Knollensellerie (etwa 100 g) ·
1 dünne Stange Lauch · 1 Zwiebel ·
1 Eßl. Wasser · etwa 50 ccm trockener
Weißwein · Salz · weißer Pfeffer, frisch
gemahlen · 1 Bund Dill · 150 g Sahne
Pro Person etwa 1300 kJ/310 kcal
42 g Eiweiß · 13 g Fett · 7 g Kohlenhydrate

- Vorbereitungszeit: etwa 30 Min.
- Garzeit bei:

Mikrowellenleistung 600 Watt	4 Min.
Mikrowellenleistung 360 Watt mit Umluft 200°	
oder	15 Min.
Mikrowellenleistung 360 Watt mit Ober- und 220° Unterhitze	
Mikrowellenleistung 600 Watt	2 Min.
Gesamtgarzeit:	21 Min.

So wird's gemacht:
1. Den Kabeljau kalt abspülen, trockentupfen und mit dem Zitronensaft beträufeln. Dann zugedeckt beiseite stellen.
2. Die Möhren und den Sellerie putzen und waschen, dann in kleine Würfel schneiden.

Den Lauch putzen, waschen und mit etwa zwei Dritteln des zarten Grüns in feine Ringe schneiden. Die Zwiebel fein hacken.
3. Das vorbereitete Gemüse, die Zwiebel und das Wasser in eine feuerfeste, mikrowellengeeignete Form mit Deckel geben und zugedeckt bei 600 Watt etwa 4 Minuten vorgaren. Dabei einmal gründlich durchrühren.
4. Den Wein angießen und das Gemüse mit Salz und Pfeffer abschmecken. Den Kabeljau ebenfalls mit Salz und Pfeffer würzen und auf das Gemüse legen.
5. Die Form auf dem Rost in die mittlere Schiene des Gerätes geben und den Kabeljau bei Mikrowellenleistung 360 Watt und Umluft 200° zugedeckt etwa 15 Minuten garen. Den Kabeljau dabei nach etwa der Hälfte der Zeit wenden.
6. Inzwischen den Dill waschen, trockenschwenken und sehr fein hacken.
7. Den Kabeljau aus der Form nehmen und in Alufolie wickeln.
8. Den Dill und die Sahne unter das Gemüse mischen. Das Gemüse offen bei 600 Watt in etwa 2 Minuten aufkochen lassen.
9. Die Gemüsesauce eventuell noch einmal mit Salz und Pfeffer abschmecken, dann getrennt zu dem Kabeljau servieren.

Das paßt dazu: Salzkartoffeln

Gegrillte Lachskoteletts mit Kapern

Zutaten für 3 Personen:
3 Lachskoteletts von je etwa 180 g · Saft von ½ Zitrone · 1 Schalotte · 1 Knoblauchzehe · 1 Tomate · ½ Bund Petersilie · 1 Teel. Mandelstifte · 1 Teel. Kapern (aus dem Glas) · Salz · weißer Pfeffer, frisch gemahlen · 20 g Butter

Pro Person etwa 1900 kJ/450 kcal
37 g Eiweiß · 32 g Fett · 3 g Kohlenhydrate

• Vorbereitungszeit: etwa 20 Min.
• Garzeit bei:
  Mikrowellenleistung 360 Watt ⎫
  mit Grill   starke Stufe ⎬ 7 Min.

So wird's gemacht:
1. Die Lachskoteletts kalt abspülen und trockentupfen, dann mit dem Zitronensaft beträufeln und in die Fettpfanne des Gerätes legen.
2. Die Schalotte und die Knoblauchzehe sehr fein hacken. Die Tomate waschen, abtrocknen und in kleine Würfel schneiden, dabei den Stielansatz entfernen. Die Petersilie waschen, trockenschwenken und sehr fein hacken.
3. Die Schalotte, den Knoblauch, die Tomate und die Petersilie mit den Mandelstiften und den abgetropften Kapern mischen und mit Salz und Pfeffer pikant abschmecken.
4. Die Kapernmischung gleichmäßig auf den Lachskoteletts verteilen. Die Butter in Flöckchen schneiden und daraufgeben.
5. Die Lachskoteletts in die mittlere Schiene des Gerätes geben und bei Mikrowellenleistung 360 Watt und starker Grillstufe etwa 7 Minuten grillen, bis sie schön gebräunt sind.

Das paßt dazu: Salat und Stangenweißbrot

Eine beliebte, schnell zubereitete Vorspeise oder ▷ Zwischenmahlzeit sind die Blätterteigtaschen mit Hackfleisch und Gemüse. Das Rezept finden Sie auf Seite 10.

Gegrillte Lachsforelle mit Aioli

Aioli ist eine Knoblauchmayonnaise aus der Provence. Sie paßt zu allen Fischsorten und zu gedünstetem Gemüse.

Zutaten für 4 Personen:
2 Eigelb · 1 Teel. scharfer Senf · Salz ·
weißer Pfeffer, frisch gemahlen ·
100 ccm kaltgepreßtes Olivenöl ·
2-3 Knoblauchzehen · 1 Eßl. Zitronensaft ·
1 Prise Cayennepfeffer · 1 Lachsforelle von
etwa 850 g · 1 unbehandelte Zitrone ·
1 Bund Petersilie
Zum Bestreichen: 2 Teel. Olivenöl
Pro Person etwa 2100 kJ/500 kcal
43 g Eiweiß · 36 g Fett · 0 g Kohlenhydrate

* Vorbereitungszeit: etwa 25 Min.
* Garzeit bei:
  Mikrowellenleistung 360 Watt }
  mit Grill   mittlere Stufe }   11 Min.

So wird's gemacht:
1. Für das Aioli die Eigelbe und den Senf, Salz und Pfeffer mit einem Schneebesen gründlich verrühren. Das Öl zuerst tropfenweise, dann in einem dünnen Strahl unter die Eigelbmasse schlagen, bis eine dickflüssige Mayonnaise entstanden ist.
2. Die Knoblauchzehen durch die Knoblauchpresse in die Mayonnaise drücken. Den Zitronensaft dazurühren und das Aioli mit dem Cayennepfeffer abschmecken.

◁ Kuchenfans werden den Nußkuchen mit Kirschen und Marzipan zu ihren Lieblingskuchen zählen. Rezept auf Seite 54.

3. Die Lachsforelle eventuell schuppen, dann innen und außen gründlich kalt abspülen und trockentupfen. Die Haut des Fisches an der Seite mit einem scharfen Messer vorsichtig einige Male einritzen. Dabei darauf achten, daß Sie das Fleisch nicht verletzen. Die Lachsforelle innen und außen mit Salz und Pfeffer würzen.
4. Die Zitrone waschen, abtrocknen und in dünne Scheiben schneiden. Die Petersilie waschen und trockenschwenken. Die Petersilie und die Zitronenscheiben in den Bauch der Lachsforelle legen.
5. Den Fisch in die Fettpfanne des Gerätes legen und mit 1 Teelöffel Olivenöl bestreichen.
6. Die Lachsforelle auf dem Rost in die mittlere Schiene des Gerätes geben und bei Mikrowellenleistung 360 Watt und mittlerer Grillstufe etwa 6 Minuten grillen. Die Forelle dann wenden, mit dem restlichen Öl bestreichen und bei gleicher Einstellung in etwa 5 Minuten fertig grillen.
7. Die gegrillte Lachsforelle sofort servieren. Das Aioli dazu reichen.

Das paßt dazu: Stangenweißbrot und gemischter Salat

Mein Tip Ganze Fische werden oft ungeschuppt verkauft. Am besten bitten Sie Ihren Händler, den Fisch schon vorzubereiten. Sie können diese Arbeit aber auch ganz leicht selbst erledigen. Den Fisch am Schwanzende (am besten mit einem Tuch) festhalten und mit einem Messer vom Schwanz zum Kopf schuppen. Sie sollten den Fisch dabei unter fließendes kaltes Wasser halten, dann werden die Schuppen gleich weggespült und fliegen nicht in der Küche herum.

Fleisch und Geflügel

Gefüllte Kalbsnuß

Bild Seite 28

Zutaten für 4 Personen:
Für den Braten: 50 g durchwachsener
Räucherspeck · 1 großes Bund Petersilie ·
2 Knoblauchzehen · 25 g Walnußkerne ·
25 g Rosinen · 50 g Semmelbrösel ·
50 g Parmesan, frisch gerieben · 2 Eier ·
2 Eßl. Sahne · weißer Pfeffer, frisch
gemahlen · Salz · 1 große Scheibe Kalbs-
nuß (etwa 800 g)
Für die Sauce: 600 g Tomaten ·
75 ccm Wasser · 50 ccm trockener Weiß-
wein · 1 Prise Zucker
Pro Person etwa 2400 kJ/570 kcal
50 g Eiweiß · 33 g Fett · 19 g Kohlenhydrate

- Vorbereitungszeit: etwa 40 Min.
- Garzeit bei:
  Mikrowellenleistung 360 Watt
  mit Umluft 200°
  oder ⎬ 35 Min.
  Mikrowellenleistung 360 Watt
  mit Ober- und 220°
  Unterhitze
- Fertigstellung: etwa 10 Min.

So wird's gemacht:
1. Für die Füllung den Speck gegebenenfalls
von der Schwarte und den Knorpeln befreien,
dann sehr klein würfeln. Die Petersilie
waschen, trockenschwenken und sehr fein
hacken. Einen Teil der Petersilie für die Sauce
zugedeckt beiseite stellen. Die Knoblauchzehen durch die Knoblauchpresse drücken.
Die Walnußkerne mit einem großen schweren
Messer oder im Zwiebelhacker fein zerkleinern. Die Rosinen kleinschneiden.
2. Alles mit den Semmelbröseln, dem Parmesan, den Eiern und der Sahne vermischen und
mit reichlich Pfeffer und wenig Salz würzen.

3. Das Fleisch kalt abspülen, trockentupfen
und mit der Paste bestreichen. Die Fleischscheibe zusammenrollen und mit Küchengarn
zusammenbinden. Die Kalbsrolle außen mit
Salz und Pfeffer würzen.
4. Für die Sauce die Tomaten überbrühen,
kurz ziehen lassen, kalt abschrecken und
häuten. Die Tomaten in kleine Würfel schneiden, dabei die Stielansätze entfernen.
5. Die Tomaten mit dem Wasser und dem
Wein in einer mikrowellengeeigneten, feuer-
festen Form mit Deckel mischen und mit Salz,
Pfeffer und dem Zucker abschmecken. Die
Kalbsrolle in die Tomatensauce legen.
6. Die Form mit dem Rost in die mittlere
Schiene des Gerätes geben und die Kalbsrolle zugedeckt bei Mikrowellenleistung
360 Watt und Umluft 200° etwa 35 Minuten
garen. Das Fleisch dabei nach etwa 20 Minuten wenden.
7. Dann die Kalbsrolle aus der Sauce nehmen, in Alufolie wickeln und etwa 10 Minuten
ruhen lassen.
8. Die Sauce eventuell noch einmal mit Salz
und Pfeffer abschmecken und im abgeschalteten Gerät heiß halten.
9. Die Kalbsrolle in Scheiben schneiden und
auf einer vorgewärmten Platte anrichten.
10. Die Sauce mit der restlichen Petersilie
verfeinern und getrennt servieren.

Das paßt dazu: Bandnudeln oder Salzkartoffeln und eventuell gemischter Salat

Mein Tip Wenn Ihr Metzger keine ent-
sprechend große Scheibe Kalbsnuß hat
und sie Ihnen auch nicht zuschneidet,
können Sie die Kalbsnuß selbst vorberei-
ten: Dazu das Fleisch mit einem scharfen
Messer fast durchschneiden und zum
Füllen auseinanderklappen.

Fleisch und Geflügel

Roastbeef
mit Sauce béarnaise

Reste vom Roastbeef können Sie auch kalt als edlen Aufschnitt reichen.

Zutaten für 6 Personen:
1,2 kg Roastbeef · schwarzer Pfeffer, frisch gemahlen · 2 Schalotten · je 4 Stiele frischer Estragon und Kerbel · 50 ccm trockener Weißwein · 3 Eßl. Estragonessig · 150 g Butter · 3 Eigelb · 3 Eßl. lauwarmes Wasser · Salz · Cayennepfeffer
Pro Person etwa 2400 kJ/570 kcal
43 g Eiweiß · 44 g Fett · 1 g Kohlenhydrate

* Vorbereitungszeit: etwa 30 Min.
* Garzeit bei:

Mikrowellenleistung 600 Watt	6 Min.
Mikrowellenleistung 180 Watt mit Umluft 200° **oder** Mikrowellenleistung 180 Watt mit Ober- und 220° Unterhitze	25 Min.
Mikrowellenleistung 600 Watt	1-2 Min.
Mikrowellenleistung 360 Watt	2 Min.
Gesamtgarzeit:	34-35 Min.

* Fertigstellung: etwa 10 Min.

So wird's gemacht:
1. Das Roastbeef mit einem Küchentuch gut abreiben. Die Fettschicht mit einem scharfen Messer rautenförmig einschneiden, dabei nicht das Fleisch durchtrennen. Das Fleisch dann rundherum mit Pfeffer einreiben und zugedeckt beiseite stellen.
2. Für die Sauce béarnaise die Schalotten sehr fein hacken. Die Kräuter waschen und gründlich trockenschwenken. Die Blättchen abzupfen und zugedeckt beiseite stellen. Die Stiele fein hacken.

3. Die Schalotten mit den Kräuterstielen, dem Weißwein und dem Essig in eine mikrowellengeeignete Schüssel geben und offen bei 600 Watt etwa 6 Minuten einkochen lassen. Es soll noch etwa 1 Eßlöffel Flüssigkeit übrigbleiben.
4. Den Kräutersud durch ein feines Sieb gießen. Die Schalotten und die Kräuterstiele mit einem Kochlöffel gut in den Sud ausdrücken, dann wegwerfen.
5. Das Roastbeef mit der Fettseite nach oben auf den Rost legen und mit der Fettpfanne darunter in die mittlere Schiene des Gerätes geben. Das Roastbeef bei Mikrowellenleistung 180 Watt und Umluft 200° etwa 25 Minuten garen. Es ist dann »medium« gebraten (also innen noch rosa).
6. Das fertige Roastbeef herausnehmen, in Alufolie wickeln und etwa 10 Minuten ruhen lassen. In dieser Zeit verteilt sich der Fleischsaft im Inneren des Roastbeefs gleichmäßig, und es läuft später beim Anschneiden nicht soviel Saft heraus.
7. Für die Sauce béarnaise die Butter in ein mikrowellengeeignetes, feuerfestes Gefäß geben und bei 600 Watt in 1-2 Minuten schmelzen lassen.
8. Inzwischen die Eigelbe mit dem Wasser in ein anderes mikrowellengeeignetes, feuerfestes Gefäß geben und mit den Quirlen des Handrührgerätes schaumig schlagen.
9. Die Butter etwas abkühlen lassen, dann unter ständigem Weiterschlagen in dünnem Strahl in die Eigelbcreme fließen lassen. Den Kräutersud ebenfalls unterrühren.
10. Die Sauce bei 360 Watt in etwa 2 Minuten dickflüssig werden lassen.
11. Inzwischen die beiseite gelegten Kräuter fein hacken.
12. Die Sauce dann noch einmal kräftig durchschlagen. Die Kräuter untermischen und die Sauce mit Salz und Cayennepfeffer pikant abschmecken.

Fleisch und Geflügel

13. Das Roastbeef quer zu den Fleischfasern in dünne Scheiben schneiden, auf einer vorgewärmten Platte anrichten und mit Salz und Pfeffer würzen. Die Sauce béarnaise getrennt dazu servieren.

Das paßt dazu: Stangenweißbrot und Salat.

Hackbraten mit Gemüse

Zutaten für 4-6 Personen:
2 altbackene Brötchen · 1 große Zwiebel ·
1 Knoblauchzehe · 1 dünne Stange Lauch
(etwa 100 g) · 1 kleine gelbe oder rote
Paprikaschote (etwa 100 g) · 3 Gewürz-
gurken (etwa 100 g) · 1 Bund Petersilie ·
700 g gemischtes Hackfleisch · 2 Eier ·
Salz · schwarzer Pfeffer, frisch gemahlen ·
1 Eßl. Zitronensaft · 100 ccm Fleischbrühe ·
100 g Sahne
Für die Form: Butter
Bei 6 Personen pro Person etwa 1700 kJ/
400 kcal
27 g Eiweiß · 29 g Fett · 7 g Kohlenhydrate

- Vorbereitungszeit: etwa 30 Min.
- Garzeit bei:
  Mikrowellenleistung 360 Watt
  mit Umluft 220°
  oder 30 Min.
  Mikrowellenleistung 360 Watt
  mit Ober- und 240°
  Unterhitze

So wird's gemacht:
1. Die Brötchen in einer Schüssel mit lauwarmem Wasser übergießen und quellen lassen, bis die restlichen Zutaten vorbereitet sind.
2. Die Zwiebel und die Knoblauchzehe sehr klein würfeln. Den Lauch putzen, abspülen und in dünne Ringe schneiden. Die Paprika-

schote waschen, vierteln und vom Stielansatz und den Trennwänden mit den Kernen befreien. Die Paprikaschote klein würfeln. Die Gewürzgurken abtropfen lassen und ebenfalls fein würfeln. Die Petersilie waschen, trockenschwenken und sehr fein hacken.
3. Die Brötchen ausdrücken und zerpflücken.
4. Das Hackfleisch mit allen diesen vorbereiteten Zutaten und den Eiern in einer Schüssel mischen und gut verkneten. Die Masse mit Salz, Pfeffer und dem Zitronensaft pikant abschmecken.
5. Eine längliche feuerfeste und mikrowellengeeignete Form mit etwas Butter ausstreichen.
6. Die Hackfleischmasse zu einem länglichen Laib formen und in die Form geben.
7. Den Hackbraten auf dem Rost in die mittlere Schiene des Gerätes geben und bei Mikrowellenleistung 360 Watt und Umluft 220° etwa 30 Minuten garen, bis er schön gebräunt ist.
8. Nach etwa 20 Minuten Garzeit die Fleischbrühe und die Sahne mischen und neben dem Hackbraten in die Form gießen. Bei gleicher Einstellung fertigbraten.
9. Den Hackbraten etwa 5 Minuten im abgeschalteten Gerät stehenlassen, dann sofort servieren.

Das paßt dazu: Salzkartoffeln und eventuell gedünstetes Gemüse oder Salat

Mein Tip Hackfleisch ist leicht verderblich und sollte immer am Tag des Einkaufs zubereitet werden. Außerdem ist es immer besser, es ganz durchzugaren. Sollte der Hackbraten also beim Aufschneiden innen noch rosa sein, geben Sie ihn noch einmal bei Mikrowellenleistung 600 Watt für 3-4 Minuten in das Gerät.

Sauerbraten im Bratbeutel

Zutaten für 4-6 Personen:
¾ l Wasser · ⅛ l Obstessig · 1 Lorbeer-
blatt · 2 Gewürznelken · 8 Wacholderbeeren ·
8 weiße Pfefferkörner · 1 kg Rindfleisch
(Kugel) · 2 Zwiebeln · 1 Knoblauchzehe ·
1 kleine Stange Lauch · 1 Möhre ·
100 g Knollensellerie · 1 große Petersilien-
wurzel (etwa 100 g) · Salz ·
100 g Rosinen · 2 EßI. Crème fraîche
Zum Garen: 1 Bratbeutel oder 1 Stück Brat-
schlauch
Bei 6 Personen pro Person etwa 1900 kJ/
450 kcal
33 g Eiweiß · 30 g Fett · 15 g Kohlenhydrate

- Vorbereitungszeit: etwa 25 Min.
- Garzeit für die Marinade bei:
  Mikrowellenleistung 600 Watt   6 Min.
- Marinierzeit: 3 Tage
- Garzeit für das Fleisch bei:
  Mikrowellenleistung 360 Watt
  mit Umluft   180°
  oder   1 Stunde
  Mikrowellenleistung 360 Watt
  mit Ober- und   200°
  Unterhitze
  Mikrowellenleistung 600 Watt   5 Min.
  Gesamtgarzeit: 65 Min.
- Fertigstellung: etwa 10 Min.

So wird's gemacht:
1. Das Wasser mit dem Essig, dem Lorbeerblatt, den Gewürznelken, den Wacholderbeeren und den Pfefferkörnern in eine mikrowellengeeignete Form mit Deckel geben und
zugedeckt bei 600 Watt in etwa 6 Minuten
aufkochen lassen.
2. Das Fleisch kalt abspülen, trockentupfen
und in eine Edelstahlschüssel geben.
3. Die heiße Marinade über das Fleisch

gießen und erkalten lassen. Dann die Schüssel mit einem Teller abdecken und das Fleisch
im Kühlschrank etwa 3 Tage marinieren.
Dabei zweimal täglich wenden.
4. Dann die Zwiebeln und den Knoblauch
halbieren. Das Gemüse putzen, waschen und
sehr grob zerkleinern.
5. Das Fleisch aus der Marinade nehmen,
trockentupfen und mit Salz einreiben. Die
Marinade durch ein Sieb gießen und aufbewahren, die Gewürze wegwerfen.
6. Das Fleisch mit den Zwiebeln, dem Knoblauch und dem Gemüse in den Bratbeutel
füllen. Wenn Sie einen Bratschlauch verwenden, diesen an einem Ende mit einem starken
Baumwollfaden oder Küchengarn sehr gut
verschließen (siehe Seite 6), dann die Zutaten
einfüllen. Von der Marinade etwa ¼ l ab-
messen und in den Bratbeutel füllen. Den Bratbeutel oder den -schlauch mit einem Faden
gut verschließen, in die Fettpfanne des
Gerätes legen und an der Oberseite mit einer
Nadel mehrmals einstechen.
7. Den Sauerbraten in die mittlere Schiene
des Gerätes geben und bei Mikrowellenleistung 360 Watt und Umluft 180° etwa
1 Stunde garen. Dabei den Braten nach der
Hälfte der Garzeit einmal in der Fettpfanne
drehen.
8. Den Sauerbraten nach Ablauf der Garzeit
aus dem Bratbeutel nehmen, in ein großes
Stück Alufolie wickeln und etwa 10 Minuten
ruhen lassen.
9. Die Garflüssigkeit durch ein Sieb in eine
mikrowellengeeignete, feuerfeste Schüssel
gießen. Das Gemüse ausdrücken und wegwerfen. Etwa 75 ccm von der Marinade,
die Rosinen und die Crème fraîche unter die
Garflüssigkeit mischen.
10. Die Sauce bei 600 Watt offen etwa
5 Minuten einkochen lassen, dann noch
einmal mit Salz, Pfeffer und eventuell etwas
Essig abschmecken.

11. Währenddessen den Sauerbraten in Scheiben schneiden und auf einer vorgewärmten Platte anrichten. Die fertige Sauce getrennt dazu servieren.

Das paßt dazu: Servietten- oder Semmelknödel

Rinderbraten mit Pilzen und Tomaten

Zutaten für 4-5 Personen:
800 g Rinderbraten (Unterschale oder Blume)
Salz · schwarzer Pfeffer, frisch gemahlen ·
2 Zwiebeln · 1 Knoblauchzehe ·
250 g Champignons oder Egerlinge ·
500 g Tomaten · 7 Eßl. trockener Rotwein ·
2 Eßl. Marsala · 1 Bund Petersilie ·
4 Eßl. Sahne
Bei 5 Personen pro Person etwa 1300 kJ/ 310 kcal
37 g Eiweiß · 14 g Fett · 6 g Kohlenhydrate

- Vorbereitungszeit: etwa 30 Min.
- Garzeit bei:
  Mikrowellenleistung 360 Watt
  mit Umluft   180°
  oder   } 40 Min.
  Mikrowellenleistung 360 Watt
  mit Ober- und   200°
  Unterhitze
- Fertigstellung: etwa 10 Min.

So wird's gemacht:
1. Das Rindfleisch kalt abspülen, trockentupfen und rundherum gründlich mit Salz und Pfeffer einreiben.
2. Die Zwiebeln und die Knoblauchzehe sehr fein hacken. Die Champignons putzen, kalt abspülen und vierteln. Die Tomaten überbrühen, kurz ziehen lassen, kalt abschrecken

und häuten. Die Tomaten in kleine Würfel schneiden, dabei die Stielansätze entfernen.
3. Das Rindfleisch in ein feuerfestes, mikrowellengeeignetes Gefäß mit Deckel geben. Den Wein angießen.
4. Das Rindfleisch auf dem Rost auf die untere Schiene des Gerätes geben und zugedeckt bei Mikrowellenleistung 360 Watt und Umluft 180° etwa 20 Minuten garen.
5. Den Braten aus dem Gerät nehmen, wenden und in der Form drehen. Die Zwiebeln, den Knoblauch, die Pilze und die Tomaten neben den Rinderbraten geben. Den Marsala hinzufügen.
6. Den Rinderbraten wieder in das Gerät stellen und zugedeckt in weiterer 20 Minuten bei gleicher Einstellung fertigbraten.
7. Kurz vor Ende der Garzeit die Petersilie waschen, trockenschwenken und fein hacken.
8. Den Rinderbraten aus der Form nehmen, in Alufolie wickeln und etwa 10 Minuten ruhen lassen.
9. Das Gemüse mit der Petersilie und der Sahne verfeinern, mit Salz und Pfeffer abschmecken und im abgeschalteten Gerät warm halten.
10. Den Braten aus der Folie wickeln, in Scheiben schneiden und auf einer vorgewärmten Platte anrichten. Das Tomatengemüse dazu servieren.

Das paßt dazu: Reis und gemischter Salat

Mein Tip Während das Fleisch in der Folie ruht, können Sie die Servierplatte und die Teller im Mikrowellengerät vorwärmen. Die Sauce stellen Sie am besten auch dazu; sie bleibt dann bis zum Servieren heiß. Einzuschalten brauchen Sie das Gerät dazu nicht mehr, es ist noch heiß genu

Rinderfilet im Blätterteig

Bild Seite 27

Zutaten für 6 Personen:
300 g tiefgefrorener Blätterteig ·
200 g Wirsing · 1 kg Rinderfilet (möglichst
überall gleich dick) · 1-2 Eßl. geschmacks-
neutrales Öl · 200 g Champignons ·
1 Zwiebel · 1 Knoblauchzehe · 1 Bund
Petersilie · 1 Eßl. Zitronensaft · 7 Eßl. Sahne ·
Salz · weißer Pfeffer, frisch gemahlen ·
1 Eigelb · 1 Eßl. Milch
Für die Arbeitsfläche: Mehl
Pro Person etwa 2000 kJ/480 kcal
37 g Eiweiß · 28 g Fett · 19 g Kohlenhydrate

- Vorbereitungszeit: etwa 40 Min.
- Garzeit bei:

Mikrowellenleistung 600 Watt		3 Min.
Mikrowellenleistung 360 Watt		
mit Umluft	200°	
oder		25 Min.
Mikrowellenleistung 360 Watt		
mit Ober- und	220°	
Unterhitze		
Gesamtgarzeit:		28 Min.

So wird's gemacht:
1. Die Blätterteigplatten nebeneinander auf
die Arbeitsfläche legen und auftauen lassen.
2. Inzwischen den Wirsing putzen, waschen
und vom Strunk befreien. Die Blätter vonein-
ander lösen und tropfnaß in ein mikrowellengeeignetes Gefäß geben.
3. Den Wirsing zugedeckt bei 600 Watt
etwa 3 Minuten vorgaren.
4. Das Rinderfilet kalt abspülen und mit
Küchenpapier trockentupfen.
5. Das Öl in einer großen Pfanne erhitzen
und das Filet darin rundherum in etwa
5 Minuten kräftig anbraten. Das Filet aus der
Pfanne nehmen und beiseite legen.

6. Die Champignons putzen, waschen und
klein würfeln. Die Zwiebel und die Knoblauchzehe sehr fein hacken. Die Petersilie waschen,
trockenschwenken und sehr fein hacken.
7. Den Wirsing abtropfen lassen und sehr
klein hacken. Den Wirsing mit den Pilzen, der
Zwiebel, dem Knoblauch, der Petersilie, dem
Zitronensaft und der Sahne zu einer glatten
Masse verrühren. Die Mischung mit Salz und
Pfeffer abschmecken.
8. Die Blätterteigplatten aufeinanderlegen
und auf der leicht bemehlten Arbeitsfläche zu
einem dünnen Rechteckvoin etwas mehr als
der Länge und der doppelten Breite des Filets
ausrollen.
9. Das Rinderfilet rundherum mit Salz und
Pfeffer würzen.
10. Etwa ein Drittel der Pilzmischung in der
Mitte der Teigplatte verstreichen. Das Rinderfilet darauf legen und mit der restlichen Masse
bedecken. Die Teigränder mit kaltem Wasser
bepinseln. Den Teig über dem Filet zusammenklappen und die Ränder gut zusammendrücken.
11. Die Fettpfanne des Gerätes kalt abspülen
und nicht abtrocknen. Das Teigpaket darauf
legen.
12. Die Fettpfanne in die mittlere Schiene des
Gerätes geben und das Filet bei Mikrowellenleistung 360 Watt und Umluft 200° etwa
25 Minuten garen, bis der Teig eine schöne
braune Farbe hat.
13. Dabei nach etwa 10 Minuten das Eigelb
mit der Milch verquirlen und den Teig damit
bestreichen.
14. Das Rinderfilet etwa 5 Minuten im
abgeschalteten Gerät stehenlassen. Das Filet
vor dem Servieren mit einem scharfen Messer
in Scheiben schneiden und auf einer vorgewärmten Platte anrichten.

Das paßt dazu: Weißbrot und gemischter
Salat

Lammkeule mit Knoblauchmarinade

Zutaten für 6 Personen:
4 Knoblauchzehen · 1 unbehandelte Zitrone ·
je 1 Eßl. getrockneter gerebelter Thymian und
Salbei · 1 Lorbeerblatt · 6 weiße Pfeffer-
körner · 2 Eßl. Olivenöl · 1 Lammkeule mit
Knochen von etwa 2 kg · Salz · 4 Schalotten·
175 ccm trockener Weißwein ·
weißer Pfeffer, frisch gemahlen
Pro Person etwa 2700 kJ/640 kcal
46 g Eiweiß · 48 g Fett · 3 g Kohlenhydrate

- Vorbereitungszeit: etwa 15 Min.
- Marinierzeit: mindestens 4 Stunden
- Garzeit bei:
  Mikrowellenleistung 360 Watt
  mit Umluft   200°
  oder   45 Min.
  Mikrowellenleistung 360 Watt
  mit Ober- und   220°
  Unterhitze
  Mikrowellenleistung 600 Watt   1 Min.
  Gesamtgarzeit: 46 Min.
- Fertigstellung: etwa 10 Min.

So wird's gemacht:
1. Die Knoblauchzehen durch die Knoblauchpresse drücken. Die Zitrone heiß waschen,
abtrocknen und ein etwa 5 cm langes Stück
Schale möglichst dünn abschneiden.
Die Schale fein hacken, die Zitrone dann auspressen.
2. Die Kräuter, das zerbröckelte Lorbeerblatt
und die Pfefferkörner im Mörser fein zersto-
ßen. Die Mischung mit dem Knoblauch, der
Zitronenschale und dem -saft sowie dem
Olivenöl verrühren.
3. Die Lammkeule abwaschen, trockentupfen
und rundherum mit der Marinade bestreichen.
Die Lammkeule in Alufolie wickeln und minde-

stens 4 Stunden an einem kühlen Ort – aber
nicht im Kühlschrank – marinieren.
4. Die Lammkeule dann mit Salz bestreuen
und in die Fettpfanne des Gerätes legen.
5. Die Fettpfanne in die untere Schiene des
Gerätes geben und das Lamm bei Mikrowellenleistung 360 Watt und Umluft 200°
etwa 25 Minuten garen.
6. Inzwischen die Schalotten halbieren.
7. Die Lammkeule aus dem Gerät nehmen,
wenden und den Weißwein in die Fettpfanne
gießen. Die Schalotten daneben legen. Die
Lammkeule bei gleicher Einstellung noch einmal etwa 20 Minuten garen, bis sie schön
gebräunt ist.
8. Die Lammkeule herausnehmen, in Alufolie
wickeln und etwa 10 Minuten ruhen lassen.
9. Den Bratfond mit Salz und Pfeffer abschmecken und am Ende der Ruhezeit nochmals etwa 1 Minute bei 600 Watt erwärmen.
10. Die Lammkeule tranchieren und auf einer
vorgewärmten Platte anrichten. Den Bratfond
getrennt dazu servieren.

Das paßt dazu: gebratene neue Kartoffeln
oder Brot und gemischter Salat oder Bohnen-
gemüse

Das Rinderfilet im Blätterteig ist von einer zarten
Wirsing-Pilz-Farce umhüllt. Es schmeckt auch kalt
hervorragend! Das Rezept finden Sie auf Seite 25. ▷

Gebratene Ente

Zutaten für 4 Personen:
1 küchenfertige Ente von etwa 1,8 kg · Salz ·
schwarzer Pfeffer, frisch gemahlen ·
4-5 Zweige frischer Beifuß · ⅛ l heißes
Wasser · 200 ccm dunkles Bier
Pro Person etwa 3000 kJ/710 kcal
55 g Eiweiß · 52 g Fett · 0 g Kohlenhydrate

* Vorbereitungszeit: etwa 10 Min.
* Garzeit bei:

Mikrowellenleistung 360 Watt mit Umluft 200° **oder** Mikrowellenleistung 360 Watt mit Ober- und 220° Unterhitze	45 Min.
Mikrowellenleistung 600 Watt	1 Min.
Gesamtgarzeit:	46 Min.

So wird's gemacht:
1. Die Ente innen und außen kalt abspülen und trockenreiben. Salz und Pfeffer in einem Schälchen mischen und die Ente rundherum (nach Belieben auch innen) kräftig damit einreiben. Die Haut unterhalb der Keulen mit einer Nadel einstechen, damit das Fett gut ausbraten kann. Dabei darauf achten, daß Sie das Fleisch nicht verletzen.
2. Den Beifuß in den Bauch der Ente legen. Die Ente mit der Brust nach unten in die Fettpfanne des Gerätes legen.
3. Die Ente in die mittlere Schiene des Gerätes geben und bei Mikrowellenleistung 360 Watt und Umluft 200° etwa 20 Minuten braten.
4. Die Ente dann aus dem Gerät nehmen und wenden. Das Wasser und das Bier in die Fettpfanne gießen und die Ente bei gleicher Einstellung in etwa 25 Minuten fertiggaren. Die Haut soll knusprig braun sein. Die Ente dabei ein- bis zweimal mit dem Bratensaft übergießen.
5. Die gegarte Ente herausnehmen, in Alufolie wickeln und etwa 5 Minuten ruhen lassen.
6. Inzwischen die Sauce entfetten (siehe Tip Seite 31) und mit Salz und Pfeffer abschmekken. Die Sauce in ein mikrowellengeeignetes, feuerfestes Gefäß gießen und bei 600 Watt noch einmal etwa 1 Minute erhitzen.
7. Die Ente tranchieren und die Stücke auf einer vorgewärmten Platte anrichten. Die Sauce getrennt dazu servieren.

Das paßt dazu: Kartoffelklöße und Blaukraut

Mein Tip Natürlich können Sie für dieses Gericht auch eine tiefgefrorene Ente kaufen, die in guter Qualität angeboten wird. Die Ente dann bei Auftaustufe etwa 40 Minuten in das Gerät legen. Die Ente dabei zweimal wenden und während zwei Dritteln der Zeit die Keulen und die Flügel mit Alufolie abdecken, damit diese nicht schon zu garen beginnen. Die Ente vor dem Weiterverarbeiten noch etwa 30 Minuten abgedeckt stehenlassen.

◁ Die Zubereitung der Gefüllten Kalbsnuß von links nach rechts: Alle Zutaten für die Füllung werden vermischt und auf die vorbereitete Fleischscheibe gestrichen. Diese rollen und mit Küchengarn gut zusammenbinden. Das »Fleischpaket« auf kleingeschnittene Tomaten legen und garen. Unten rechts das fertige Gericht. Rezept auf Seite 20.

Hähnchen mit Apfel-Walnuß-Füllung

Statt Walnüssen können Sie beliebige andere Nüsse, wie zum Beispiel Haselnüsse oder auch Kürbiskerne verwenden.

Zutaten für 4 Personen:
1 Hähnchen von etwa 1,3 kg mit Innereien ·
1 kleine Stange Lauch (etwa 80 g) ·
1 kleiner säuerlicher Apfel · 1 Eßl. Zitronen-
saft · 50 g Walnußkerne · ½ Bund frischer
Thymian · 40 g Butter · Salz · weißer Pfeffer,
frisch gemahlen
Pro Person etwa 2500 kJ/600 kcal
69 g Eiweiß · 35 g Fett · 5 g Kohlenhydrate

- Vorbereitungszeit: etwa 30 Min.
- Garzeit bei:

Mikrowellenleistung 600 Watt	4 Min.
Mikrowellenleistung 360 Watt mit Umluft 180°	
oder	35 Min.
Mikrowellenleistung 360 Watt Ober- und 200° Unterhitze	
Gesamtgarzeit:	39 Min.

So wird's gemacht:
1. Die Innereien aus dem Hähnchen nehmen, den Magen wegwerfen. Die Leber und das Herz vom Fett und allen Adern befreien, kalt abspülen und kleinschneiden. Das Hähnchen innen und außen kalt abspülen und trockentupfen. Den Lauch putzen, waschen und fein hacken. Den Apfel schälen und würfeln. Die Würfel mit dem Zitronensaft mischen, damit sie sich nicht verfärben. Die Walnußkerne mit einem großen schweren Messer fein hacken. Den Thymian waschen, trockenschwenken und die Blättchen von den Stielen streifen.
2. Den Lauch, den Apfel, die Nüsse und den Thymian mit den Innereien des Hähnchens und der Hälfte der Butter in eine mikrowellengeeignete Form geben und bei 600 Watt etwa 3 ½ Minuten garen. Dabei einmal umrühren.
3. Die restliche Butter in ein kleines mikrowellengeeignetes Schälchen geben und bei 600 Watt in etwa ½ Minute schmelzen lassen.
4. Das Hähnchen innen und außen mit Salz und Pfeffer einreiben. Die Apfelfüllung mit Pfeffer abschmecken und im Bauch des Hähnchens verteilen. Die Öffnung mit Küchengarn zunähen.
5. Das Hähnchen mit der Brustseite nach unten auf den Rost legen, mit etwas flüssiger Butter bestreichen und mit der Fettpfanne darunter in die mittlere Schiene des Gerätes geben.
6. Das Hähnchen bei Mikrowellenleistung 360 Watt und Umluft 180° etwa 35 Minuten garen, bis es knusprig gebräunt ist. Das Hähnchen dabei nach der Hälfte der Garzeit wenden und mit der restlichen Butter bestreichen.
7. Das Hähnchen herausnehmen, in Alufolie wickeln und etwa 5 Minuten ruhen lassen. Dann in 8 Stücke tranchieren und auf einer vorgewärmten Platte anrichten.

Das paßt dazu: gemischter Salat und Brot oder Reis

Mein Tip Um Teller oder die Servierplatte vorzuwärmen, müssen Sie nich den Backofen anheizen. Es genügt, wenn Sie das Spülbecken mit sehr heißem Wasser füllen und das Geschirr darin einige Minuten stehenlassen.

Gänsebrust
mit Orangensauce

Bild Umschlag-Vorderseite

Die Kombination von Geflügel und Orange kommt aus der klassischen Küche.

Zutaten für 2-3 Personen:
1 entbeinte Gänsebrust (etwa 600 g) · Salz · weißer Pfeffer, frisch gemahlen · 3 Orangen · 75 ccm trockener Weißwein · abgeriebene Schale von je ½ unbehandelten Zitrone und Orange · 1 Teel. Weiß-weinessig · 1 Eßl. Orangenlikör · 1 gehäufter Teel. Speisestärke
Bei 3 Personen pro Person etwa 3300 kJ/ 790 kcal
33 g Eiweiß · 62 g Fett · 18 g Kohlenhydrate

- Vorbereitungszeit: etwa 15 Min.
- Garzeit bei:

Mikrowellenleistung 360 Watt mit Grill mittlere Stufe	}	17 Min.
Mikrowellenleistung 600 Watt		3 Min.
Gesamtgarzeit:		20 Min.

- Fertigstellung: etwa 10 Min.

So wird's gemacht:
1. Die Gänsebrust rundherum mit Salz und Pfeffer einreiben. Die Haut mit einer Nadel mehrmals einstechen, damit das Fett gut ausbraten kann. Dabei darauf achten, daß Sie das Fleisch nicht verletzen.
2. 2 Orangen auspressen. Die Gänsebrust mit der Hautseite nach oben auf den Rost des Gerätes legen. Den Orangensaft mit dem Weißwein mischen und in die Fettpfanne gießen.
3. Den Rost über der Fettpfanne in die mittlere Schiene des Gerätes geben und die Gänse-brust bei Mikrowellenleistung 360 Watt und mittlerer Grillstufe etwa 15 Minuten garen, bis

die Haut knusprig braun ist. Die Gänsebrust dabei ein- bis zweimal mit dem Bratensaft begießen. Die Gänsebrust dann wenden und weitere 2 Minuten grillen.
4. In der Zwischenzeit die restliche Orange auspressen.
5. Die Gänsebrust herausnehmen, in Alufolie wickeln und etwa 10 Minuten ruhen lassen.
6. Die Sauce entfetten (siehe Tip), dann mit dem restlichen Orangensaft, der Zitronen- und der Orangenschale, dem Zucker, dem Essig und dem Orangenlikör mischen. Die Speise-stärke mit wenig kaltem Wasser anrühren und unter die Sauce mischen. Die Sauce mit Salz und Pfeffer abschmecken und in ein mikro-wellengeeignetes, feuerfestes Gefäß geben.
7. Die Sauce bei 600 Watt in etwa 3 Minu-ten offen einkochen lassen. Dabei einmal umrühren.
8. Die Gänsebrust in Scheiben schneiden und auf einer vorgewärmten Platte anrichten. Die Sauce getrennt dazu servieren.

Das paßt dazu: Reis, mit Safran gemischt, oder auch Stangenweißbrot und gemischter Salat

Mein Tip Da das Fett der Gänsebrust in die Bratflüssigkeit fließt, sollten Sie diese vor dem Fertigstellen auf jeden Fall entfetten. Das geht mit einem Löffel, mit dem Sie vorsichtig die oberste Schicht der Sauce abnehmen. Einfacher ist es jedoch, Sie ziehen nacheinander einige Lagen Küchenpapier vorsichtig über die Sauce. Das Papier saugt das Fett auf.

Aufläufe und Gratins

Cannelloni mit Gemüse und Ricotta

Bild 2. Umschlagseite

Ricotta ist ein italienischer Frischkäse, der aus Kuh- oder Schafmilch hergestellt wird. Es gibt ihn in relativ weicher und in schnittfester Form zu kaufen. Ich habe für dieses Gericht weichen Ricotta aus Kuhmilch verwendet. Wenn Sie nur festen Ricotta bekommen, müssen Sie ihn mit einigen Eßlöffeln Milch oder Sahne verkneten, bevor Sie ihn weiterverwenden können.

Zutaten für 4-6 Personen:
1 Stange Lauch (etwa 300 g) · 250 g Möhren · 1 Knoblauchzehe · 400 g Tomaten · 200 g Champignons oder Egerlinge · 1 Eßl. Zitronensaft · 1 Bund Petersilie · 300 g Ricotta · 1 Ei · Salz · weißer Pfeffer, frisch gemahlen · 250 g Sahne · 200 g Cannelloni (ohne Vorkochen) · 60 g Parmesan, frisch gerieben
Bei 6 Personen pro Person etwa 2100 kJ/500 kcal
19 g Eiweiß · 34 g Fett · 30 g Kohlenhydrate

- Vorbereitungszeit: etwa 40 Min.
- Garzeit bei:

Mikrowellenleistung 600 Watt	5 Min.
Mikrowellenleistung 360 Watt mit Umluft 200° **oder** Mikrowellenleistung 360 Watt mit Ober- und 220° Unterhitze	25 Min.
Gesamtgarzeit:	30 Min.

So wird's gemacht:
1. Den Lauch putzen, gründlich unter fließendem kaltem Wasser waschen, längs halbieren und in dünne Halbringe schneiden. Die Möhren schälen, waschen und klein würfeln. Die Knoblauchzehe fein hacken.
2. Den Lauch, die Möhren und den Knoblauch mit 2 Eßlöffeln Wasser in eine mikrowellengeeignete Form mit Deckel geben und zugedeckt bei 600 Watt etwa 5 Minuten vorgaren. Dabei einmal gründlich durchrühren.
3. Die Tomaten überbrühen, kurz ziehen lassen, kalt abschrecken und häuten. Die Tomaten klein würfeln, dabei die Stielansätze entfernen. Die Champignons putzen und eventuell kurz kalt abspülen, dann ebenfalls würfeln. Die Pilze mit dem Zitronensaft mischen, damit sie sich nicht zu stark verfärben.
4. Die Pilze mit dem vorgegarten Gemüse und etwa einem Drittel der Tomaten mischen. Die Petersilie waschen, trockenschwenken und ohne die groben Stiele sehr fein hacken, dann unter die Gemüsemasse rühren.
5. Den Ricotta mit dem Ei verrühren, dann unter die Gemüsemasse mengen. Die Masse mit Salz und Pfeffer pikant abschmecken. Die Sahne mit den restlichen Tomaten mischen und mit Salz und Pfeffer abschmecken.
6. Die Cannellonirollen mit der Ricottamasse füllen und in eine längliche feuerfeste, mikrowellengeeignete Form geben. Die Tomatensahne darüber gießen. Den Parmesan darüber streuen.
7. Die Form mit dem Rost in die mittlere Schiene des Gerätes geben und die Cannelloni bei Mikrowellenleistung 360 Watt und Umluft 200° etwa 25 Minuten garen, bis die Oberfläche schön gebräunt ist und die Nudelrollen weich sind.
8. Die Cannelloni noch etwa 5 Minuten im abgeschalteten Gerät stehenlassen, dann sofort servieren.

Das paßt dazu: gemischter Salat

Lasagne

Dieses klassische Nudelgericht aus Italien benötigt im Mikrowellengerät nur etwa die Hälfte der gewohnten Garzeit.

Zutaten für 4 Personen:
2 Zwiebeln · 2 Knoblauchzehen ·
1 große Petersilienwurzel · 150 g Möhren ·
600 g Fleischtomaten · 1 Eßl. Olivenöl ·
300 g gemischtes Hackfleisch ·
50 ccm Fleischbrühe · 50 ccm trockener
Rotwein · 1 Eßl. Tomatenmark · Salz ·
schwarzer Pfeffer, frisch gemahlen ·
½ Bund frischer Thymian · 1 Bund Peter-
silie · 2 Eßl. Sahne · 60 g Butter · 60 g Mehl·
¾ l Milch · Muskatnuß, frisch gerieben · 250
g weiße oder grüne Lasagneblätter (ohne
Vorkochen verwendbar) · 250 g Mozzarella ·
75 g Parmesan, frisch gerieben
Für die Form: etwas Butter
Pro Person etwa 4400 kJ/1000 kcal
52 g Eiweiß · 59 g Fett · 72g Kohlenhydrate

- Vorbereitungszeit: etwa 1 Stunde
- Garzeit bei:

Mikrowellenleistung 600 Watt	1 ½ Min.
Mikrowellenleistung 360 Watt mit Umluft 200°	
oder	25 Min.
Mikrowellenleistung 360 Watt mit Ober- und 220° Unterhitze	
Gesamtgarzeit:	41 ½ Min.

So wird's gemacht:
1. Die Zwiebeln und die Knoblauchzehen sehr fein hacken. Die Petersilienwurzel und die Möhren putzen, schälen und in kleine Würfel schneiden. Die Tomaten überbrühen, kurz ziehen lassen, kalt abschrecken und häuten. Die Tomaten ebenfalls in kleine Würfel schneiden, dabei die Stielansätze entfernen.
2. Die Zwiebeln, den Knoblauch, die Petersilienwurzel und die Möhren mit dem Öl in ein mikrowellengeeignetes Gefäß mit Deckel geben und zugedeckt bei 600 Watt etwa 2 Minuten garen.
3. Dann die Tomaten und das Hackfleisch dazugeben und alles bei 600 Watt offen weitere 4 Minuten garen. Dabei einmal gründlich durchrühren.
4. Die Hackfleischmasse mit der Fleischbrühe, dem Rotwein und dem Tomatenmark mischen und mit Salz und Pfeffer pikant abschmecken.
5. Die Kräuter waschen und trockenschwenken. Die Thymianblättchen von den Stielen streifen. Die Petersilie ohne die groben Stiele sehr fein hacken. Die Kräuter mit der Sahne unter die Hackmasse mischen.
6. Die Butter in ein mikrowellengeeignetes Gefäß geben und bei 600 Watt in etwa 1 ½ Minuten schmelzen lassen.
7. Das Mehl gründlich unterrühren und die Masse bei 600 Watt noch einmal 2 Minuten garen.
8. Die Milch angießen und mit einem Schneebesen kräftig unterrühren. Die Sauce bei 600 Watt in etwa 7 Minuten dickflüssig einkochen lassen. Dabei noch einmal kräftig durchrühren.
9. Die Sauce Béchamel mit Salz und Muskat abschmecken.
10. Eine ausreichend große mikrowellengeeignete feuerfeste Form mit etwas Butter ausstreichen und mit etwas Sauce ausgießen. Die Form mit Lasagneblättern auslegen und mit einem Teil der Hackfleischmasse bedecken. Diese mit etwas Sauce beträufeln und mit weiteren Lasagneblättern abdecken. Auf diese Weise alle Zutaten in die Form schichten. Die letzte Schicht sollten Lasagneblätter sein. Die restliche Sauce Béchamel auf den Blättern verstreichen.

11. Den Mozzarella abtropfen lassen, in Scheiben schneiden und auf der Oberfläche der Lasagne verteilen. Den Parmesan darüber streuen.
12. Die Lasagne auf dem Rost in die mittlere Schiene des Gerätes geben und bei Mikrowellenleistung 360 Watt und Umluft 200° etwa 25 Minuten garen, bis die Lasagneblätter weich sind und die Lasagne schön gebräunt ist.
13. Die Lasagne möglichst heiß servieren.

Das paßt dazu: Stangenweißbrot und gemischter Salat

Gemüseauflauf mit Kräutern

Zutaten für 4 Personen:
1 Kohlrabiknolle (etwa 200 g) ·
1 mittelgroße Stange Lauch · 150 g Möhren ·
1 Stück Knollensellerie (etwa 150 g) ·
1 grüne Paprikaschote · 150 g Tomaten ·
100 g Champignons · 1 Eßl. Zitronensaft ·
1 Knoblauchzehe · ½ Bund frischer
Thymian · 1 Bund Petersilie · einige Blätter
frischer Salbei · Salz · weißer Pfeffer, frisch
gemahlen · Muskatnuß, frisch gerieben ·
4 Eier · 125 g Sahne · 75 g Parmesan,
frisch gerieben · 1 Teel. Butter
Pro Person etwa 1300 kJ/310 kcal
19 g Eiweiß · 23 g Fett · 11 g Kohlenhydrate

- Vorbereitungszeit: etwa 30 Min.
- Garzeit bei:
  Mikrowellenleistung 360 Watt
  mit Umluft 190°
  oder   25 Min.
  Mikrowellenleistung 360 Watt
  mit Ober- und 210°
  Unterhitze

So wird's gemacht:
1. Den Kohlrabi schälen, von allen holzigen Stellen befreien und in dünne Stifte schneiden. Die zarten Kohlrabiblätter waschen und in Streifen schneiden. Den Lauch putzen, gründlich kalt abspülen und in schmale Ringe schneiden. Die Möhren und den Knollensellerie schälen, waschen und würfeln. Die Paprikaschote waschen, vierteln, vom Stielansatz und den Trennwänden mit den Kernen befreien und in Streifen schneiden. Die Tomaten überbrühen, kurz ziehen lassen, kalt abschrecken und häuten. Die Tomaten in Würfel schneiden, dabei die Stielansätze entfernen. Die Pilze putzen und eventuell kurz kalt abspülen, dann in Scheiben schneiden. Die Pilze mit dem Zitronensaft mischen, damit sie sich nicht zu stark verfärben. Die Knoblauchzehe durch die Presse drücken. Die Kräuter waschen und trockenschwenken. Die Thymianblättchen von den Stielen streifen, die Petersilie und den Salbei ohne die groben Stiele sehr fein hacken.
2. Das Gemüse mit dem Knoblauch, den Kohlrabiblättchen und den Kräutern mischen und mit Salz, Pfeffer und Muskat pikant abschmecken.
3. Die Eier trennen. Die Eigelbe mit der Sahne und dem Parmesan verquirlen und unter die Gemüsemasse mischen.
4. Die Eiweiße mit 1 Prise Salz zu steifem Schnee schlagen und vorsichtig unterheben.
5. Die Auflaufmasse in eine feuerfeste, mikrowellengeeignete Form füllen und mit der Butter in Flöckchen belegen.
6. Den Auflauf auf dem Rost in die mittlere Schiene des Gerätes geben und bei Mikrowellenleistung 360 Watt und Umluft 190° etwa 25 Minuten garen, bis die Masse fest und schön gebräunt ist.

Das paßt dazu: Stangenweißbrot oder Vollkornbrot und eventuell Salat

Möhrensoufflé mit Apfel-Meerrettich-Sauce

Die Möhren müssen wirklich fein geraspelt werden, damit sie auch weich werden.

Zutaten für 4 Personen:
Für das Soufflé: 400 g Möhren · 1 Bund
Petersilie · 1 Eßl. Zitronensaft · Salz ·
schwarzer Pfeffer, frisch gemahlen ·
1 Prise gemahlener Kümmel · 25 g Butter ·
25 g Mehl · 200 ccm Milch · 3 Eier ·
2-3 Eßl. Emmentaler, frisch gerieben
Für die Form: Butter
Für die Sauce: 1 säuerlicher Apfel ·
1 Stück frischer Meerrettich von etwa
1½ cm Länge · 250 g saure Sahne · Salz ·
schwarzer Pfeffer, frisch gemahlen ·
1 Prise Zucker · 1 Bund Schnittlauch
Pro Person etwa 1300 kJ/310 kcal
13 g Eiweiß · 21 g Fett · 19 g Kohlenhydrate

- Vorbereitungszeit: etwa 50 Min.
- Garzeit bei:

Mikrowellenleistung 600 Watt	1 Min.
Mikrowellenleistung 360 Watt	3 Min.
Mikrowellenleistung 360 Watt mit Umluft 200°	
oder	15 Min.
Mikrowellenleistung 360 Watt mit Ober- und 220° Unterhitze	
Gesamtgarzeit:	19 Min.

So wird's gemacht:
1. Für das Soufflé die Möhren putzen, schälen, waschen und auf der Rohkostreibe sehr fein raspeln. Die Petersilie waschen, trockenschwenken und sehr fein hacken.
2. Die Möhrenraspel mit der Petersilie und dem Zitronensaft mischen und mit Salz, Pfeffer und dem Kümmel pikant abschmecken.

3. Die Butter in eine mikrowellengeeignete Form geben und bei 600 Watt in etwa 1 Minute schmelzen lassen.
4. Das Mehl mit einem Schneebesen gründlich unterrühren, dann nach und nach die Milch unterschlagen.
5. Die Sauce bei 360 Watt offen in etwa 3 Minuten dickflüssig einkochen lassen, dabei nach der Hälfte der Zeit einmal kräftig durchrühren.
6. Die Sauce noch einmal gut durchrühren, dann mit Salz und Pfeffer abschmecken.
7. Die Eier trennen. Die Eigelbe mit den Möhrenraspeln, dem Emmentaler und der weißen Sauce mischen.
8. Die Eiweiße steif schlagen und mit einem Schneebesen vorsichtig unterheben.
9. Eine feuerfeste, mikrowellengeeignete Souffléform von etwa 1½ l Inhalt nur am Boden mit Butter ausstreichen. Wenn Sie die Form auch am Rand fetten, rutscht das Soufflé durch die schmelzende Butter ab und geht nicht richtig auf.
10. Die Möhrenmasse in die Form füllen und die Form auf dem Rost in die untere Schiene des Gerätes geben. Das Soufflé bei Mikrowellenleistung 360 Watt und Umluft 200° etwa 15 Minuten garen, bis es aufgegangen und an der Oberfläche schön gebräunt ist.
11. Inzwischen für die Meerrettich-Sauce den Apfel schälen und um das Kerngehäuse herum fein raspeln. Den Meerrettich schälen und ebenfalls fein raspeln.
12. Den Apfel und den Meerrettich mit der sauren Sahne mischen und mit Salz, Pfeffer und dem Zucker abschmecken.
13. Den Schnittlauch waschen, trockentupfen und in feine Röllchen schneiden. Den Schnittlauch unter die Meerrettichsauce mischen.
14. Das gegarte Soufflé mit der Apfel-Meerrettich-Sauce servieren.

Das paßt dazu: Salzkartoffeln oder Brot

Aufläufe und Gratins

Nudelauflauf mit Spinat und Champignons
Bild nebenstehend

Die Nudeln für diesen Auflauf werden auf konventionelle Weise zubereitet. Übriggebliebene Nudeln, die Sie beispielsweise als Beilage gekocht haben, eignen sich nicht für den Auflauf, da sie beim Garen zu weich würden.

Zutaten für 4 Personen:
150 g Hörnchennudeln · Salz · 400 g Blatt-spinat · 250 g Champignons · 1 Eßl. Zitro-nensaft · 1 Schalotte · 1 Knoblauchzehe · 1 Bund Petersilie · weißer Pfeffer, frisch gemahlen · 4 Eier · 150 g Sahne · 75 g Parmesan, frisch gerieben · 1 Teel. Butter
Pro Person etwa 1800 kJ/430 kcal
24 g Eiweiß · 26 g Fett · 28 g Kohlenhydrate

- Vorbereitungszeit: etwa 40 Min.
- Garzeit bei:
  Mikrowellenleistung 360 Watt
  mit Umluft 200°
  oder } 20 Min.
  Mikrowellenleistung 360 Watt
  mit Ober- und 220°
  Unterhitze

So wird's gemacht:
1. Für die Nudeln reichlich Salzwasser auf dem Herd zum Kochen bringen. Die Nudeln darin bei starker Hitze etwa 4 Minuten vor-garen. Dann kalt abschrecken und abtropfen lassen.
2. Den Spinat von allen welken Blättern und den groben Stielen befreien, mehrmals gründlich kalt waschen und gründlich abtrop-fen lassen. Den Spinat dann grob hacken. Die Pilze putzen, kurz kalt abspülen und je nach Größe halbieren oder vierteln. Die Pilze mit dem Zitronensaft mischen, damit sie sich nicht zu stark verfärben. Die Schalotte und die Knoblauchzehe fein hacken. Die Petersilie waschen, trockenschwenken und ohne die groben Stiele ebenfalls fein hacken.
3. Die Nudeln mit dem Spinat, den Pilzen, der Schalotte, dem Knoblauch und der Petersilie mischen und mit Salz und Pfeffer würzen.
4. Die Eier trennen. Die Eigelbe mit der Sahne und zwei Dritteln des Parmesans verquirlen und unter die Nudelmasse heben.
5. Die Eiweiße steif schlagen und unterzie-hen. Die Masse in eine feuerfeste Form füllen und mit dem restlichen Käse bestreuen und mit der Butter in Flöckchen belegen.
6. Den Nudelauflauf mit dem Rost in die mittlere Schiene des Gerätes geben und bei Mikrowellenleistung 360 Watt und Umluft 200° etwa 20 Minuten garen, bis er schön gebräunt ist.

Das paßt dazu: gemischter Salat

Nudelauflauf mal ganz anders: Mit Spinat und Champignons ein fleischloses, wohlschmeckendes und sättigendes Gericht. Das Rezept finden Sie auf dieser Seite.

Rosenkohl-Kartoffel-Gratin
Bild nebenstehend

Zutaten für 2-3 Personen:
500 g Rosenkohl · 500 g mehligkochende
Kartoffeln · Salz · weißer Pfeffer, frisch
gemahlen · 50 g gehackte Haselnußkerne ·
1 Bund Petersilie · 100 g Mozzarella ·
200 g Sahne · Muskatnuß, frisch gerieben
Bei 3 Personen pro Person etwa 2400 kJ/
570 kcal
22 g Eiweiß · 37 g Fett · 36 g Kohlenhydrate

* Vorbereitungszeit: etwa 30 Min.
* Garzeit bei:
  Mikrowellenleistung 360 Watt
  mit Umluft   200°
  oder   } 25 Min.
  Mikrowellenleistung 360 Watt
  mit Ober- und   220°
  Unterhitze

So wird's gemacht:
1. Den Rosenkohl putzen und waschen, dann
in etwa 1/2 cm dicke Scheiben schneiden.
Die Kartoffeln schälen, waschen und in sehr
dünne Scheiben schneiden oder hobeln.
2. Den Rosenkohl und die Kartoffeln dachziegelartig lagenweise in eine feuerfeste Form
schichten. Dabei jede Lage mit Salz und
Pfeffer würzen. Obenauf die Haselnüsse
streuen.

3. Die Petersilie waschen, trockenschwenken
und ohne die groben Stiele sehr fein hacken.
Den Käse fein reiben.
4. Die Sahne mit der Petersilie und dem Käse
verrühren und mit Pfeffer und Muskat würzen.
Die Sahne über die Zutaten in der Form
gießen.
5. Die Form mit dem Rost in die mittlere
Schiene des Gerätes geben und den Gratin
bei Mikrowellenleistung 360 Watt und Umluft
200° etwa 25 Minuten garen, bis die Oberfläche schön gebräunt ist und die Kartoffeln
weich sind.

Das paßt dazu: gemischter Salat und eventuell Brot

Reisauflauf mit Gemüse und Schinken

Zutaten für 4 Personen:
150 g Langkornreis · Salz · 1 rote Zwiebel
eventuell 1 Knoblauchzehe · 1 Bund Petersilie
300 g Zucchini · 400 g Tomaten ·
100 g gekochter Schinken am Stück · weißer
Pfeffer, frisch gemahlen · 1 kräftige Prise
Cayennepfeffer · 3 Eier · 150 g Sahne ·
75 g Bergkäse, frisch gerieben · 15 g Butter
Für die Form: Butter
Pro Person etwa 2100 kJ/500 kcal
21 g Eiweiß · 30 g Fett · 37 g Kohlenhydrate

* Vorbereitungszeit einschließlich Garzeit für
  den Reis: etwa 45 Min.
* Garzeit bei:
  Mikrowellenleistung 360 Watt
  und Umluft   220°
  oder   } 20 Min.
  Mikrowellenleistung 360 Watt
  mit Ober- und   240°
  Unterhitze

◁ Der Rosenkohl-Kartoffel-Gratin wird mit Hasel-
nüssen bestreut und mit Sahne und Mozzarella
überbacken. Wie Sie ihn zubereiten, ist auf dieser
Seite beschrieben.

Aufläufe und Gratins

So wird's gemacht:
1. Den Reis mit 300 ccm Wasser und etwas Salz in einem Topf auf dem Herd zum Kochen bringen. Den Reis dann zugedeckt bei schwacher Hitze in etwa 15 Minuten körnig ausquellen lassen.
2. Inzwischen die Zwiebel und die Knoblauchzehe sehr fein hacken. Die Petersilie waschen, trockenschwenken und ohne die groben Stiele ebenfalls sehr fein hacken. Einen Teil der Petersilie zum Bestreuen des fertigen Auflaufs zugedeckt beiseite stellen.
3. Die Zucchini waschen, von den Stiel- und Blütenansätzen befreien und ungeschält in Stifte von etwa ½ cm Dicke schneiden. Die Tomaten überbrühen, kurz ziehen lassen, kalt abschrecken und häuten. Die Tomaten in kleine Würfel schneiden, dabei die Stielansätze entfernen. Den Schinken vom Fettrand befreien und würfeln.
4. Den gegarten Reis mit der Zwiebel, eventuell dem Knoblauch, der Petersilie, dem Gemüse und dem Schinken mischen und mit Salz, Pfeffer und dem Cayennepfeffer pikant abschmecken.
5. Die Eier trennen. Die Eigelbe mit der Sahne und dem Käse verquirlen und unter die Reismasse mischen.
6. Die Eiweiße mit 1 Prise Salz zu steifem Schnee schlagen und vorsichtig unterheben.
7. Eine längliche feuerfeste, mikrowellengeeignete Form mit etwas Butter ausstreichen. Die Reismasse hineinfüllen und mit der Butter in Flöckchen belegen.
8. Den Auflauf mit dem Rost in die mittlere Schiene des Gerätes geben und bei Mikro-

wellenleistung 360 Watt und Umluft 220° etwa 20 Minuten garen, bis die Oberfläche schön gebräunt ist.
9. Den Auflauf noch etwa 5 Minuten im abgeschalteten Gerät stehenlassen, dann mit der restlichen Petersilie bestreuen und sofort servieren.

Das paßt dazu: gemischter Salat

Gefüllte Zucchini mit Hackfleisch

Statt Zucchini können Sie für dieses Gericht auch kleine, schlanke Auberginen verwenden, die Sie ebenso aushöhlen und füllen. Die Garzeit verlängert sich dann um etwa 3 Minuten.

Zutaten für 2 Personen:
2 Zucchini (etwa 500 g) · 250 g Tomaten ·
1 Bund Petersilie · 1 Knoblauchzehe ·
1 Schalotte · 150 g Rinderhackfleisch · Salz ·
1 Prise rosenscharfes Paprikapulver ·
150 g Mozzarella · 10 g Butter
Pro Person etwa 1900 kJ/450 kcal
37 g Eiweiß · 28 g Fett · 10 g Kohlenhydrate

- Vorbereitungszeit: etwa 35 Min.
- Garzeit bei:
  Mikrowellenleistung 360 Watt ⎫
  mit Grill   starke Stufe ⎬ 12 Min.

So wird's gemacht:
1. Die Zucchini waschen, von den Stiel- und Blütenansätzen befreien und längs halbieren. Die Zucchini mit einem Teelöffel so aushöhlen, daß rundherum ein Rand von gut ½ cm Dicke stehenbleibt.
2. Das ausgehöhlte Fruchtfleisch fein hacken. Die Tomaten überbrühen, kurz ziehen lassen,

Mein Tip Statt Reis können Sie für diesen Auflauf auch vorgegarte Hirse (20 Minuten) oder Nudeln (4 Minuten) verwenden.

kalt abschrecken und häuten. Die Tomaten klein würfeln, dabei die Stielansätze entfernen. Die Petersilie waschen, trockenschwenken und ohne die groben Stiele sehr fein hacken. Die Knoblauchzehe und die Schalotte fein hacken.

3. Das ausgehöhlte Zucchinifleisch mit den Tomaten, der Petersilie, dem Knoblauch, der Schalotte und dem Hackfleisch mischen und die Masse mit Salz und dem Paprikapulver würzen.

4. Den Mozzarella abtropfen lassen. Die Hälfte davon in kleine Würfel schneiden und unter die Hackmasse mischen. Den restlichen Mozzarella in dünne Scheiben schneiden.

5. Die Zucchinihälften mit wenig Salz würzen. Die Hackfleischmasse hineinfüllen.

6. Die Zucchinihälften in die Fettpfanne des Gerätes legen. Die Mozzarellascheiben darauf verteilen. Die Butter in Flöckchen schneiden und auf den Käse legen.

7. Die Zucchini in die mittlere Schiene des Gerätes geben und bei Mikrowellenleistung 360 Watt und starker Grillstufe etwa 12 Minuten grillen, bis der Mozzarella schön gebräunt ist.

8. Die Zucchini heiß servieren.

Das paßt dazu: Brot oder Salzkartoffeln

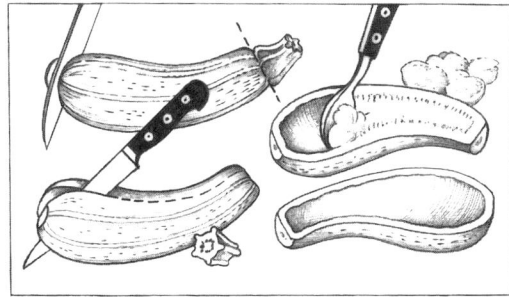

Die Zucchini ohne die Stiel- und Blütenansätze längs halbieren und mit einem Teelöffel aushöhlen.

Quiche lorraine

Zutaten für eine Springform aus Schwarzblech von 28 cm Ø:
Für den Teig: 250 g Mehl · 1 Ei · 1 kräftige Prise Salz · etwa 1 Eßl. kaltes Wasser · 125 g Butter
Für den Belag: 250 g durchwachsener Räucherspeck · 4 Eier · 100 g Emmentaler oder Bergkäse, frisch gerieben · 250 g Sahne · Salz · weißer Pfeffer, frisch gemahlen · 1 kräftige Prise Cayennepfeffer · 1 Teel. Butter

Bei 6 Personen pro Person etwa 3500 kJ/ 830 kcal
20 g Eiweiß · 69 g Fett · 33 g Kohlenhydrate

- Vorbereitungszeit einschließlich Ruhezeit für den Teig: etwa 1 ½ Stunden
- Garzeit bei:

Mikrowellenleistung 600 Watt	5 Min.
Mikrowellenleistung 180 Watt mit Umluft 200° **oder** Mikrowellenleistung 180 Watt mit Ober- und 220° Unterhitze	25 Min.
Gesamtgarzeit:	30 Min.

So wird's gemacht:

1. Für den Teig das Mehl mit dem Ei, dem Salz und dem Wasser in einer Schüssel mischen. Die Butter in Stücke schneiden und dazugeben. Diese Zutaten mit den Händen oder den Knethaken des Handrührgerätes rasch zu einem glatten Teig verkneten.

2. Die Springform mit dem Teig auskleiden, dabei einen etwa 3 cm hohen Rand formen.

3. Den Teig etwa 1 Stunde kühl stellen.

4. Inzwischen für den Belag den Speck gegebenenfalls von der Schwarte und allen Knorpeln befreien, dann kleinwürfeln.

Aufläufe und Gratins

5. Den Speck in eine hitzebeständige, mikrowellengeeignete Form (er wird sehr heiß) geben und bei 600 Watt etwa 5 Minuten ausbraten. Dabei einmal durchrühren.

6. Die Eier trennen. Die Eigelbe mit dem Käse und der Sahne verquirlen. Den Speck eventuell etwas abtropfen lassen, dann unter die Eigelbmasse mischen und alles mit wenig Salz (der Speck und der Käse sind salzig), reichlich Pfeffer und dem Cayennepfeffer abschmecken.

7. Die Eiweiße mit 1 Prise Salz zu steifem Schnee schlagen und vorsichtig unter die Eigelbmasse heben.

8. Die Masse auf dem Teig in der Form verteilen und mit der Butter in Flöckchen belegen.

9. Die Form auf dem Rost in die mittlere Schiene des Gerätes geben und die Quiche bei Mikrowellenleistung 180 Watt und Umluft 200° etwa 25 Minuten backen, bis die Masse fest und schön gebräunt ist.

10. Die Quiche lorraine noch 5 Minuten im abgeschalteten Gerät stehenlassen, dann warm servieren.

Das paßt dazu: gemischter Salat

Lauchquiche mit Kräutern

Zutaten für eine Springform aus Schwarzblech von 28 cm Ø:
Für den Teig: 250 g Mehl · 1 Prise Salz ·
125 g Butter · 1 Ei · 1-2 Eßl. kaltes Wasser
Für den Belag: 650 g Lauch · je 1 Bund
Schnittlauch und Petersilie · 75 g Parmesan ·
4 Eier · 200 g Sahne · Salz · weißer Pfeffer,
frisch gemahlen · 1 kräftige Prise Muskatnuß,
frisch gerieben
Bei 6 Personen pro Person etwa 2300 kJ/
550 kcal
18 g Eiweiß · 37 g Fett · 36 g Kohlenhydrate

- Vorbereitungszeit einschließlich Ruhezeit für denTeig: etwa 1 ½ Stunden
- Garzeit bei:

Mikrowellenleistung 180 Watt mit Umluft 200°		
oder		30 Min.
Mikrowellenleistung 180 Watt mit Ober- und Unterhitze 220°		

So wird's gemacht:

1. Für den Teig das Mehl mit dem Salz mischen. Die Butter in kleinen Stücken, das Ei und das Wasser dazugeben und alles rasch zu einem glatten Teig verkneten.

2. Die Springform mit dem Teig auskleiden, dabei einen Rand von etwa 3 cm Höhe formen.

3. Den Teig mit einer Gabel mehrmals einstreichen, dann in der Form etwa 1 Stunde in den Kühlschrank stellen.

4. Inzwischen für den Belag den Lauch putzen und gründlich unter fließendem kaltem Wasser abspülen. Den Lauch dann in etwa ½ cm dicke Scheiben schneiden. Dabei etwa zwei Drittel des zarten Grüns mitverwenden. Die Kräuter waschen und trockenschwenken. Den Schnittlauch in Röllchen schneiden, die Petersilie ohne die groben Stiele sehr fein hacken. Den Parmesan fein reiben.

5. Die Eier trennen. Die Eigelbe mit dem Käse und der Sahne verquirlen. Die Masse mit Salz, Pfeffer und dem Muskat abschmecken. Die Eiweiße mit 1 Prise Salz zu steifem Schnee schlagen, dann vorsichtig unter die Eigelbmasse heben.

6. Den Lauch mit den Kräutern mischen und auf dem Teig verteilen. Die Eiersahne darüber gießen.

7. Die Form mit dem Rost in die mittlere Schiene des Gerätes geben und die Quiche bei Mikrowellenleistung 180 Watt und

Umluft 200° etwa 30 Minuten garen, bis sie an der Oberfläche schön gebräunt ist.

8. Die Quiche etwa 5 Minuten im abgeschalteten Gerät stehenlassen, gleich servieren.

Das paßt dazu: ein bunt gemischter Salat

Gratinierter Fenchel mit Hackfleisch und Äpfeln

Zutaten für 4 Personen:
2 Fenchelknollen (etwa 400 g) · 1 rote Zwiebel · 1 Knoblauchzehe · 1 Bund Petersilie · 2 säuerliche Äpfel · 400 g Rinderhackfleisch · Salz · weißer Pfeffer, frisch gemahlen 1 kräftige Prise Cayennepfeffer · 2 Eßl. Zitronensaft · 100 g Sahne · 75 g Emmentaler, frisch gerieben · 15 g Butter
Pro Person etwa 2000 kJ/480 kcal
31 g Eiweiß · 31 g Fett · 16 g Kohlenhydrate

- Vorbereitungszeit: etwa 30 Min.
- Garzeit bei:

Mikrowellenleistung 600 Watt	2 Min.
Mikrowellenleistung 360 Watt mit Umluft 200° **oder** Mikrowellenleistung 360 Watt mit Ober- und 220° Unterhitze	22 Min.
Gesamtgarzeit:	24 Min.

So wird's gemacht:
1. Die Fenchelknollen waschen, putzen und längs halbieren. Das Fenchelgrün abschneiden und beiseite legen. Den Strunk keilförmig herausschneiden und die Knollenhälften in die einzelnen Schichten teilen. Diese noch einmal halbieren.
2. Den Fenchel mit 2 Eßlöffeln Wasser in eine mikrowellengeeignete Form mit Deckel geben

und zugedeckt bei 600 Watt etwa 2 Minuten vorgaren.
3. Die Zwiebel und den Knoblauch fein hacken. Die Petersilie waschen, trockenschwenken und ohne die groben Stiele ebenfalls fein hacken. Die Äpfel schälen, vierteln, von den Kerngehäusen befreien und in Schnitze schneiden.
4. Das Hackfleisch mit der Zwiebel, dem Knoblauch und der Petersilie mischen und mit Salz, Pfeffer, dem Cayennepfeffer und dem Zitronensaft würzen. Die Sahne untermischen.
5. Die Masse in eine feuerfeste, mikrowellengeeignete Form geben. Den Fenchel und die Apfelschnitze dachziegelartig auf dem Hackfleisch verteilen. Den Käse darüber streuen. Die Butter in Flöckchen schneiden und darauf verteilen.
6. Den Auflauf mit dem Rost in die mittlere Schiene des Gerätes geben und bei Mikrowellenleistung 360 Watt und Umluft 200° etwa 22 Minuten garen, bis der Käse leicht gebräunt ist.
7 Kurz vor Ende der Garzeit das Fenchelgrün waschen, trockentupfen und fein hacken.
8. Den Auflauf mit dem Fenchelgrün bestreut servieren.

Das paßt dazu: Pellkartoffeln und Salat

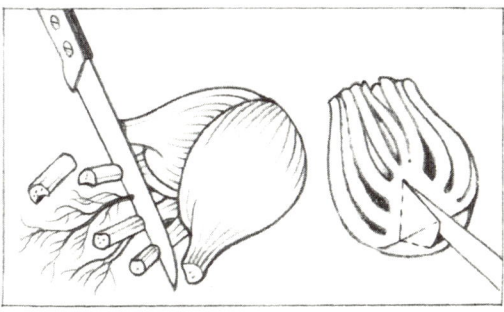

Das zarte Fenchelgrün wird oft verwendet. Der Strunk ist meist hart und wird herausgeschnitten.

Gratiniertes Gemüse mit Rindfleisch

Wenn Sie gerne vegetarisch essen, lassen Sie das Rinderfilet einfach weg und nehmen statt dessen etwas mehr Gemüse, zum Beispiel Tomaten oder Spinat.

Zutaten für 2 Personen:
1 Stange Lauch (etwa 170 g) · 1 kleine Fenchelknolle (etwa 260 g) · 2 kleine Möhren · 2 Kartoffeln (etwa 200 g) · 1 Knoblauchzehe · 4 Eßl. Wasser · 200 g Rinderfilet · 125 g Raclettekäse · Salz · weißer Pfeffer, frisch gemahlen · Muskatnuß, frisch gerieben 125 g Sahne
Pro Person etwa 3000 kJ/710 kcal
44 g Eiweiß · 45 g Fett · 31 g Kohlenhydrate

* Vorbereitungszeit: etwa 30 Min.
* Garzeit bei:

Mikrowellenleistung 600 Watt	4 Min.
Mikrowellenleistung 360 Watt mit Umluft 220°	
oder	
Mikrowellenleistung 360 Watt mit Ober- und 240° Unterhitze	20 Min.
Gesamtgarzeit:	24 Min.

So wird's gemacht:
1. Den Lauch putzen, gründlich unter fließendem kaltem Wasser abspülen und in feine Ringe schneiden. Den Fenchel putzen und waschen, dann längs vierteln. Das zarte Fenchelgrün fein hacken. Den Fenchel vom Strunk befreien und in schmale Streifen schneiden. Die Möhren und die Kartoffeln schälen, waschen und in kleine Würfel schneiden. Die Knoblauchzehe fein hacken.
2. Das vorbereitete Gemüse mit dem Knoblauch und dem Wasser in eine feuerfeste, mikrowellengeeignete Form mit Deckel geben und zugedeckt bei 600 Watt 4 Minuten vorgaren. Das Gemüse dabei einmal gründlich durchrühren.
3. Inzwischen das Rinderfilet trockentupfen und quer zu den Fleischfasern in Streifen schneiden. Den Käse gegebenenfalls von der Rinde befreien, dann in dünne Scheiben schneiden.
4. Das Rinderfilet unter das vorgegarte Gemüse mischen und alles mit Salz, Pfeffer und 1 kräftigen Prise Muskat abschmecken.
5. Die Sahne seitlich in die Form gießen. Den Käse gleichmäßig auf der Gemüsemasse verteilen.
6. Die Form auf dem Rost in die mittlere Schiene des Gerätes geben und das Gratin bei Mikrowellenleistung 360 Watt und Umluft 220° etwa 20 Minuten garen, bis der Käse zerlaufen und gebräunt ist.
7. Das Gratin kurz im abgeschalteten Gerät stehenlassen, dann sofort servieren.

Das paßt dazu: ein gemischter Salat und eventuell Brot

Desserts und Kuchen

Quarkkuchen mit Birnen und Nüssen

Zutaten für eine Springform aus Schwarzblech von 28 cm ⌀:
*Für den Teig: 100 g Haselnußkerne, fein gemahlen · 200 g Mehl · 1 Prise Salz ·
70 g Zucker · ½ Teel. Zimtpulver · 1 Ei ·
150 g Butter*
*Für den Belag: 50 g Haselnußkerne ·
3 saftige Birnen (etwa 350 g) · abgeriebene
Schale von 1 kleinen unbehandelten Zitrone ·
3 Eier · 100 g Zucker ·
750 g Magerquark · 100 g Sahne ·
20 g Speisestärke*
Bei 12 Stück pro Stück etwa 1700 kJ/
400 kcal
15 g Eiweiß · 22 g Fett · 35 g Kohlenhydrate

- Vorbereitungszeit einschließlich Ruhezeit
  für den Teig: etwa 1 ½ Stunden
- Garzeit bei:
  Mikrowellenleistung 180 Watt
  mit Umluft   180°
  oder   30 Min.
  Mikrowellenleistung 180 Watt
  mit Ober- und   200°
  Unterhitze

So wird's gemacht:
1. Für den Teig die Nüsse, das Mehl, das
Salz, den Zucker und den Zimt in einer
Schüssel mischen. Das Ei und die Butter in
kleinen Stücken hinzufügen und alles mit den
Knethaken des Handrührgerätes oder besser
mit den Händen rasch zu einem glatten, ge-
schmeidigen Teig verkneten.
2. Die Springform mit dem Teig auskleiden,
dabei einen etwa 3 cm hohen Rand formen.
3. Den Teig etwa 1 Stunde kühl stellen.
4. Für den Belag die Nüsse mit einem großen
schweren Messer oder im Zwiebelhacker fein
hacken. Die Birnen schälen, grob raspeln und
mit den Nüssen und der Zitronenschale
mischen.
5. Die Eier trennen. Die Eigelbe mit dem
Zucker schaumig schlagen. Dann die Birnen-
mischung und den Quark gründlich unterrühren. Die Eiweiße und die Sahne getrennt steif
schlagen. Den Eischnee und die Sahne über
die Quarkmasse geben und die Speisestärke
darüber stäuben. Alles mit einem Schneebesen locker, aber gründlich mischen.
6. Die Quarkmasse auf den gekühlten Teig-
boden geben und glattstreichen.
7. Den Kuchen auf dem Rost in die mittlere
Schiene des Gerätes geben und bei Mikrowellenleistung 180 Watt und Umluft 180°
etwa 30 Minuten garen, bis die Oberfläche
schön gebräunt ist.
8. Den Kuchen im abgeschalteten Gerät etwa
5 Minuten stehenlassen, dann aus der Form
lösen und auf ein Kuchengitter geben.
9. Der Kuchen schmeckt frisch am besten,
läßt sich aber einige Tage aufbewahren.

Quarkstrudel mit Äpfeln und Mandeln
Bild Seite 47

Zutaten für 6 Personen:
*Für den Teig: 200 g Mehl · 1 Prise Salz ·
etwa 90 ccm lauwarmes Wasser ·
3 Eßl. Pflanzenöl · 1 Eigelb*
*Für die Füllung: 3 Eier · 250 g Magerquark ·
200 g Crème fraîche · abgeriebene Schale
und Saft von 1 unbehandelten Zitrone ·
450 g säuerliche Äpfel · 150 g Mandeln,
fein gemahlen · 80 g Zucker ·
1 Teel. Zimtpulver*
Zum Bestreichen: 50 g Butter · 2 Eßl. Milch
Zum Ausrollen: Mehl

Desserts und Kuchen

Pro Person etwa 2800 kJ/670 kcal
19 g Eiweiß · 43 g Fett · 51 g Kohlenhydrate

- Vorbereitungszeit: etwa 1 1/4 Stunden
- Garzeit bei:

Mikrowellenleistung 600 Watt	3 Min.
Mikrowellenleistung 360 Watt mit Umluft 200° **oder** Mikrowellenleistung 360 Watt mit Ober- und 220° Unterhitze	22 Min.
Gesamtgarzeit:	25 Min.

So wird's gemacht:
1. Für den Teig das Mehl mit dem Salz, dem Wasser, dem Öl und dem Eigelb verkneten. Der Teig soll glatt, formbar und fest, aber keinesfalls bröckelig sein oder Risse zeigen. Bei Bedarf noch etwas Wasser beziehungsweise Mehl unterkneten. Den Teig in Pergamentpapier wickeln.
2. Eine mikrowellengeeignete Schüssel mit Deckel mit einigen Tropfen Wasser anfeuchten und bei 600 Watt in etwa 2 Minuten erwärmen.
3. Den Teig in die Schüssel legen und 30 Minuten zugedeckt darin ruhen lassen.
4. Inzwischen für die Füllung die Eier trennen. Die Eigelbe mit dem Quark, der Crème fraîche und der Zitronenschale glattrühren.
5. Die Äpfel schälen, in kleine Würfel schneiden und mit dem Zitronensaft mischen. Mit den Mandeln, dem Zucker und dem Zimt unter die Quarkmasse rühren. Die Eiweiße steif schlagen und vorsichtig unterheben.
6. Den Strudelteig in zwei Portionen teilen. Die erste Hälfte auf einem bemehlten Küchentuch dünn ausrollen, dann mit bemehlten Händen so dünn wie möglich ausziehen.
7. Die Butter in einem mikrowellengeeigneten Gefäß bei 600 Watt in etwa 1 Minute schmelzen lassen.

8. Die Fettpfanne des Mikrowellengerätes mit etwas flüssiger Butter ausstreichen.
9. Die Teigplatte ebenfalls mit etwas flüssiger Butter bepinseln. Die Hälfte der Quarkmasse auf dem Teig verstreichen, dabei rundherum einen etwa 2 cm breiten Rand frei lassen. Die Teigränder über der Füllung etwas nach innen klappen. Den Strudel dann mit Hilfe des Tuches aufrollen und in die vorbereitete Fettpfanne gleiten lassen. Die zweite Teigportion ebenso füllen und in die Fettpfanne legen.
10. Die Strudel mit der restlichen flüssigen Butter bestreichen und in die mittlere Schiene des Gerätes geben. Die Strudel bei Mikrowellenleistung 360 Watt und Umluft 200° etwa 22 Minuten garen, bis sie knusprig gebräunt sind. Dabei die Strudel ein- bis zweimal mit der Milch bestreichen.
11. Die Strudel im abgeschalteten Gerät noch 5 Minuten stehenlassen, dann herausnehmen. Am besten lauwarm servieren.

Vanillesauce: Knapp 400 ccm Milch mit dem Mark von 1 Vanilleschote und der Schote in einer mikrowellengeeigneten Form zugedeckt bei 600 Watt etwa 4 Minuten erhitzen. 2 Teelöffel Speisestärke in 2 Eßlöffeln Wasser anrühren, mit 2 Eigelb und 25 g Zucker verrühren und unter die Milch rühren. Die Sauce bei 600 Watt etwa 3 Minuten garen, dabei einmal gründlich durchrühren. Die Schote herausnehmen. 2 Eiweiß steif schlagen und unter die leicht abgekühlte Sauce heben.

Quarkstrudel mit Äpfeln und Mandeln schmeckt mit ▷ Vanillesauce besonders gut. Das Rezept für den Strudel beginnt auf Seite 45, das für die Sauce steht auf dieser Seite.

Hefekranz
mit Mandelfüllung
Bild nebenstehend

Sie können den Hefeteig auch mit Vollkorn-
mehl zubereiten. In diesem Fall knapp
1/4 l Milch verwenden.

Zutaten für eine Kranzform aus Schwarzblech
von 26 cm ⌀:
Für den Teig: etwa 200 ccm Milch ·
500 g Mehl · 1 Prise Salz · 1 Würfel frische
Hefe (42 g) · 40 g Zucker · 60 g Butter ·
1 Ei · abgeriebene Schale von 1 unbehandel-
ten Zitrone
Für die Füllung: 80 g Rosinen · Saft von
1 Orange · nach Belieben 1 Eßl. Orangen-
likör · 2 Eier · 50 g Zucker · 250 g saure
Sahne · 250 g Mandeln, fein gemahlen ·
1 Teel. Zimtpulver
Für die Arbeitsfläche: Mehl
Für die Form: Butter
Zum Bestreichen: 25 g Butter
Bei 20 Stück pro Stück etwa 1100 kJ/
260 kcal
7 g Eiweiß · 13 g Fett · 28 g Kohlenhydrate

◁ Die Fotos zeigen Ihnen von links nach rechts die
Zubereitung des Hefekranzes mit Mandelfüllung:
Einen Hefeteig und die Mandelfüllung herstellen.
Den fertigen Teig mit der Füllung bestreichen und
zusammenrollen. In der Form nochmals gehen
lassen, mit flüssiger Butter bestreichen und backen.
Schon nach einer knappen halben Stunde ist der
Kuchen fertig. Rezept auf dieser Seite.

- Vorbereitungszeit einschließlich Ruhezeit
  für den Teig: etwa 2 Stunden
- Garzeit bei:
  Mikrowellenleistung 600 Watt   3 Min.
  Mikrowellenleistung 180 Watt
  mit Umluft   190°   ⎫
  oder   ⎬ 25 Min.
  Mikrowellenleistung 180 Watt   ⎭
  mit Ober- und   210°
  Unterhitze
  Gesamtgarzeit: 28 Min.

So wird's gemacht:
1. Die Milch in eine mikrowellengeeignete
Form geben und bei 600 Watt in etwa
1 Minute lauwarm erwärmen.
2. Für den Teig das Mehl mit dem Salz in
einer Schüssel mischen und in die Mitte eine
Mulde drücken. Die Hefe zerkrümeln und mit
etwas Zucker, wenig von der Milch sowie
etwas Mehl in einem Schälchen zu einem
glatten Vorteig verrühren. Den Vorteig in die
Mehlmulde geben und zugedeckt an einem
warmen Ort etwa 15 Minuten ruhen lassen.
3. Dann die Butter zu der restlichen Milch in
die Form geben und bei 600 Watt etwa
1 Minute erhitzen. Die Milch einmal durchrühren und stehenlassen, bis die Butter
geschmolzen ist.
4. Den restlichen Zucker, das Ei, die Zitronenschale und die Milch-Butter-Mischung in die
Schüssel zum Mehl geben und alles mit den
Knethaken des Handrührgerätes oder den
Händen etwa 5 Minuten lang kräftig verkneten. Der Teig soll weich sein, sich aber vom
Schüsselrand lösen. Bei Bedarf noch etwas
Mehl beziehungsweise Milch unterkneten.
5. Den Teig zugedeckt etwa 50 Minuten
gehen lassen, bis sich sein Volumen etwa
verdoppelt hat.
6. Inzwischen für die Füllung die Rosinen in
einem Sieb heiß abspülen und gut abtropfen
lassen, dann kleinschneiden. Die Rosinen in

einem Schälchen mit dem Orangensaft und eventuell dem -likör mischen und zugedeckt etwa 30 Minuten stehenlassen.

7. Wenn der Teig aufgegangen ist, die Eier trennen. Die Eigelbe mit dem Zucker und der sauren Sahne sehr schaumig schlagen. Die Rosinen, die Mandeln und das Zimtpulver untermischen.

8. Die Eiweiße zu steifem Schnee schlagen und unterheben.

9. Den Hefeteig auf der bemehlten Arbeitsfläche noch einmal kräftig durchkneten. Den Teig dann auf einem bemehlten Küchentuch zu einem Rechteck von etwa 1/2 cm Dicke ausrollen.

10. Die Kranzform mit Butter ausstreichen.

11. Die Mandelfüllung gleichmäßig auf der Teigplatte verstreichen, dabei rundherum einen etwa 2 cm breiten Rand frei lassen, damit die Füllung beim Aufrollen nicht ausläuft.

12. Die Teigplatte mit Hilfe des Tuches wie einen Strudel aufrollen und in die vorbereitete Form gleiten lassen. Die Enden etwas zusammendrücken. Den Teig in der Form nochmals etwa 15 Minuten gehen lassen.

13. Die Butter zum Bestreichen in eine mikrowellengeeignete Form geben und bei 600 Watt in etwa 1 Minute schmelzen lassen.

14. Die Teigrolle mit der flüssigen Butter bestreichen und auf dem Rost in die mittlere Schiene des Gerätes geben. Den Hefekranz bei Mikrowellenleistung 180 Watt und Umluft 190° etwa 25 Minuten backen.

15. Die Stäbchenprobe machen. Wenn an einem Holzstäbchen, das man in die dickste Stelle des Kuchens sticht, keine feuchten Teigreste mehr haften bleiben, ist der Kuchen fertig.

16. Den Hefekranz in der Form etwa 15 Minuten stehenlassen, dann vorsichtig herauslösen und auf einer Kuchenplatte erkalten lassen.

Apfel-Birnen-Auflauf mit Nüssen und Rosinen

Sie können für diesen Auflauf auch Kirschen und Pfirsiche oder nur Zwetschgen verwenden.

Zutaten für 4 Personen:
50 g Rosinen · 1-2 Eßl. Calvados (ersatzweise Apfelsaft) · je 250 g säuerliche Äpfel und feste Birnen · 2 Eßl. Zitronensaft · 75 g abgezogene Mandeln · 50 g Butter · 50 g Zucker · 3 Eier · 1 Prise Salz
Für die Form: Butter
Pro Person etwa 1700 kJ/400 kcal
9 g Eiweiß · 26 g Fett · 35 g Kohlenhydrate

- Vorbereitungszeit: etwa 30 Min.
- Garzeit bei:
  Mikrowellenleistung 360 Watt
  mit Umluft   200°
  oder   20 Min.
  Mikrowellenleistung 360 Watt
  mit Ober- und   220°
  Unterhitze

So wird's gemacht:

1. Die Rosinen überbrühen, gründlich abtropfen lassen und in ein Schälchen geben. Mit dem Calvados beträufeln und stehenlassen, bis die anderen Zutaten vorbereitet sind.

2. Die Äpfel und die Birnen schälen, vierteln, von den Kerngehäusen befreien und in dünne Schnitze schneiden. Die Äpfel und die Birnen mit dem Zitronensaft mischen. Die Mandeln mit einem großen schweren Messer oder im Zwiebelhacker fein zerkleinern.

3. Die Butter mit dem Zucker schaumig rühren. Die Eier trennen. Die Eigelbe nacheinander unter die Buttermasse rühren.

4. Die Eiweiße mit dem Salz zu steifem Schnee schlagen und vorsichtig unterheben.

5. Eine mikrowellengeeignete, feuerfeste Form mit etwas Butter ausstreichen.

6. Die Rosinen abtropfen lassen, mit den Äpfeln, den Birnen und den Mandeln mischen und in die Form geben. Die Schaummasse darüber verteilen.

7. Die Form auf dem Rost in die mittlere Schiene des Gerätes geben und den Auflauf bei Mikrowellenleistung 360 Watt und Umluft 200° etwa 20 Minuten garen, bis er schön gebräunt ist.

Gratinierte Zwetschgen mit Nußbaiser

Ein schnelles Dessert, das am besten als Abschluß eines leichten Menüs schmeckt.

Zutaten für 4 Personen:
600 g vollreife Zwetschgen · 2 Eßl. Honig ·
2 Eßl. Orangensaft · 1 Teel. Zitronensaft ·
4 Eiweiß · 1 Prise Salz · 1 Eßl. Zucker ·
75 g Haselnußkerne, fein gemahlen
Für die Form: Butter
Pro Person etwa 530 kJ/130 kcal
5 g Eiweiß · 1 g Fett · 26 g Kohlenhydrate

- Vorbereitungszeit: etwa 25 Min.
- Garzeit bei:
  Mikrowellenleistung 600 Watt } 1 Min.
  Mikrowellenleistung 360 Watt }
  mit Grill   mittlere Stufe   10 Min.
  Gesamtgarzeit: 11 Min.

So wird's gemacht:

1. Die Zwetschgen waschen, abtrocknen und längs halbieren. Die Steine entfernen.

2. Eine flache mikrowellengeeignete, feuerfeste Form mit etwas Butter ausstreichen. Die Zwetschgen darin mit der Haut nach unten dachziegelartig anordnen.

3. Den Honig mit dem Orangen- und dem Zitronensaft in ein mikrowellengeeignetes Gefäß geben und bei 600 Watt in etwa 1 Minute flüssig werden lassen. Die Masse dann gut durchrühren und über die Zwetschgen in die Form träufeln.

4. Die Eiweiße mit dem Salz zu steifem Schnee schlagen, dabei den Zucker einrieseln lassen. Die Haselnüsse mit einem Schneebesen unterheben.

5. Das Baiser über die Zwetschgen geben und glattstreichen.

6. Die Form auf dem Rost in die mittlere Schiene des Gerätes geben und die Zwetschgen bei Mikrowellenleistung 360 Watt und mittlerer Grillstufe etwa 10 Minuten gratinieren, bis das Baiser fest und gebräunt ist.

7. Die Zwetschgen etwas abkühlen lassen und servieren.

Vollkornkuchen mit Birnen und Walnüssen

Zutaten für eine Springform aus Schwarzblech von 28 cm ⌀:
Für den Belag: 500 g Birnen · 2 Eßl. Zitronensaft
Für den Teig: 125 g Butter · 80 g Zucker ·
125 g Quark · 3 Eier · 100 g feingemahlene
Hirse · 250 g Weizenvollkornmehl ·
½ Päckchen Weinsteinbackpulver ·
2 Teel. Zimtpulver · etwa 5 Eßl. Milch
Für den Guß: 2 Eier · 40 g Zucker ·
50 g Quark · 1 Eßl. Speisestärke ·
125 g Sahne · 75 g Walnußkerne, grob
gehackt
Für die Form: Butter
Bei 12 Stück pro Stück etwa 1500 kJ/
360 kcal
10 g Eiweiß · 21 g Fett · 34 g Kohlenhydrate

- Vorbereitungszeit: etwa 40 Min.
- Garzeit bei:
Mikrowellenleistung 180 Watt
mit Umluft 190°
oder } 30 Min.
Mikrowellenleistung 180 Watt
mit Ober- und 210°
Unterhitze

So wird's gemacht:

1. Für den Belag die Birnen schälen, vierteln, vom Kerngehäuse befreien und in schmale Schnitze teilen. Die Schnitze mit dem Zitronensaft beträufeln, damit sie sich nicht verfärben.

2. Für den Teig die Butter mit dem Zucker und dem Quark schaumig schlagen, bis der Zucker nicht mehr knirscht. Die Eier einzeln unterrühren. Die Hirse und das Weizenmehl mit dem Backpulver und dem Zimt mischen und unter die Buttermasse rühren. So viel Milch unterrühren, daß der Teig in langen Zapfen von den Quirlen reißt.

3. Die Springform mit Butter ausstreichen. Den Teig hineinfüllen, glattstreichen und mit den Birnen belegen.

4. Für den Guß die Eier mit dem Zucker schaumig schlagen. Den Quark mit der Speisestärke untermischen. Die Sahne steif schlagen und unterheben.

5. Den Guß auf den Birnen verteilen und mit den Walnüssen bestreuen.

6. Den Kuchen auf dem Rost in die untere Schiene des Gerätes geben und bei Mikrowellenleistung 180 Watt und Umluft 190° etwa 30 Minuten backen. Die Stäbchenprobe machen: Wenn an einem Holzstäbchen, das man in die Mitte des Kuchens sticht, keine feuchten Teigreste mehr haften, ist der Kuchen durchgebacken.

7. Den Kuchen etwa 5 Minuten im abgeschalteten Gerät stehenlassen, dann aus der Form lösen und auf einem Kuchengitter abkühlen lassen.

Nußtorte mit Orangencreme

Zutaten für eine Springform aus Schwarzblech von 26 cm ⌀:
Für den Teig: 300 g gemischte Nußkerne (zum Beispiel Walnüsse, Haselnüsse, Mandeln und Sonnenblumenkerne) · 60 g Zartbitter-Schokolade · 7 Eier · 100 g Zucker · 1 Prise Salz · 50 g Speisestärke · abgeriebene Schale von ½ unbehandelten Zitrone
Für die Creme: 2 unbehandelte Orangen · 2 Eier · 200 ccm Wasser · 80 g Zucker · 30 g Speisestärke · 1 Prise Salz · 125 g Sahne · 1-2 Eßl. Pistazienkerne
Für die Form: Butter
Bei 16 Stück pro Stück etwa 1200 kJ/ 290 kcal
7 g Eiweiß · 20 g Fett · 21 g Kohlenhydrate

- Vorbereitungszeit: etwa 1 Stunde
- Garzeit bei:
Mikrowellenleistung 180 Watt
mit Umluft 190°
oder } 30 Min.
Mikrowellenleistung 180 Watt
mit Ober- und 210°
Unterhitze
Mikrowellenleistung 360 Watt 8 Min.
Gesamtgarzeit: 33 Min.
- Fertigstellung: etwa 30 Minuten
- Kühlzeiten: etwa 2 Stunden

So wird's gemacht:

1. Die Springform nur am Boden fetten, sonst rutscht der Biskuit durch das schmelzende Fett am Rand ab und geht nicht richtig auf.

2. Die Nüsse und die Schokolade fein reiben.

3. Die Eier trennen. Die Eigelbe mit dem Zucker sehr schaumig schlagen.

4. Die Eiweiße mit dem Salz zu steifem Schnee schlagen. Dann auf die Eigelbcreme gleiten lassen. Die Speisestärke mit den Nüssen, der Schokolade und der Zitronenschale mischen und auf den Eischnee streuen. Alles mit einem Schneebesen locker, aber gründlich unterheben.

5. Den Teig in die Springform füllen und glattstreichen.

6. Die Nußtorte auf dem Rost in die mittlere Schiene des Gerätes geben und bei Mikrowellenleistung 180 Watt und Umluft 190° etwa 30 Minuten backen.

7. Die Stäbchenprobe machen: Wenn an einem Holzstäbchen, mit dem man in die dickste Stelle des Kuchens sticht, keine feuchten Teigreste mehr haften bleiben, ist der Kuchen fertig.

8. Die Nußtorte aus dem Gerät nehmen und etwa 10 Minuten in der Form stehenlassen. Die Torte dann aus der Form lösen und auf einem Kuchengitter völlig erkalten lassen.

9. Für die Creme die Orangen heiß waschen und abtrocknen. Die Schale von 1 Orange fein abreiben. Beide Orangen auspressen.

10. Die Eier trennen. Die Eigelbe mit dem Orangensaft und der -schale, dem Wasser, dem Zucker und der Speisestärke in einem mikrowellengeeigneten Gefäß mischen. Die Masse bei 360 Watt in etwa 8 Minuten fest werden lassen. Dabei zweimal durchrühren.

11. Die Creme abkühlen lassen, dann die Eiweiße mit dem Salz steif schlagen. Die Sahne ebenfalls steif schlagen.

12. Den Eischnee und die Sahne unter die Orangencreme heben.

13. Die ausgekühlte Nußtorte einmal waagerecht halbieren. Den unteren Tortenboden mit etwas Orangencreme bestreichen, die Torte dann wieder zusammensetzen. Die Torte mit der restlichen Orangencreme überziehen. Die Pistazien fein hacken und die Torte damit bestreuen.

14. Die Torte vor dem Servieren möglichst 1 Stunde im Kühlschrank ruhen lassen.

Versunkener Aprikosenkuchen

Zutaten für eine Springform aus Schwarzblech von 26 cm ⌀:
700 g Aprikosen · 200 g weiche Butter · 100 g Zucker · abgeriebene Schale von ½ unbehandelten Zitrone · 1 Prise Salz · je 1 Prise gemahlene Gewürznelken und Zimtpulver · 4 Eier · 150 g Mehl · 50 g Speisestärke · ½ Teel. Backpulver
Für die Form: Butter
Zum Bestreuen: eventuell Puderzucker
Bei 12 Stück pro Stück etwa 1200 kJ/ 290 kcal
4 g Eiweiß · 17 g Fett · 17 g Kohlenhydrate

- Vorbereitungszeit: etwa 30 Min.
- Garzeit bei:
  Mikrowellenleistung 180 Watt
  mit Umluft   190°
  oder   } 30 Min.
  Mikrowellenleistung 180 Watt
  mit Ober- und   210°
  Unterhitze

So wird's gemacht:
1. Die Aprikosen waschen und abtrocknen. Die Früchte dann längs halbieren und die Steine entfernen.

2. Für den Teig die Butter mit dem Zucker schaumig rühren, bis der Zucker nicht mehr knirscht. Die Zitronenschale, das Salz und die Gewürze untermischen.

3. Die Eier einzeln unter die Schaummasse rühren. Das Mehl mit der Speisestärke und dem Backpulver mischen und eßlöffelweise unter den Teig mengen.

4. Die Springform mit Butter ausstreichen. Den Teig in die Form füllen und glattstreichen. Die Aprikosen mit der Schnittfläche nach unten auf den Teig legen.

5. Den Kuchen auf dem Rost in die untere Schiene des Gerätes geben und bei Mikrowellenleistung 180 Watt und Umluft 190° etwa 30 Minuten backen.
6. Die Stäbchenprobe machen. Wenn an einem Holzstäbchen, das man in die dickste Stelle des Kuchens sticht, keine feuchten Teigreste mehr haften bleiben, ist der Kuchen fertig.
7. Den Kuchen noch etwa 5 Minuten im abgeschalteten Gerät stehenlassen. Nach weiteren 10 Minuten aus der Form lösen und auf einem Kuchengitter erkalten lassen.
8. Den Kuchen vor dem Servieren nach Wunsch mit Puderzucker bestäuben.

Mein Tip Wenn Sie einmal vergessen haben, die Butter rechtzeitig aus dem Kühlschrank zu nehmen, geben Sie sie in eine mikrowellengeeignete Rührschüssel und lassen sie bei 600 Watt in etwa 1/2 Minute weich werden.

Nußkuchen mit Kirschen und Marzipan
Bild Seite 18

Zutaten für eine Kastenform aus Schwarzblech von 30 cm Länge:
600 g süße Kirschen · 100 g Marzipan-Rohmasse · 150 g weiche Butter ·
70 g Zucker · 4 Eier · 2 Eßl. Rum (ersatzweise Kirschsaft) · 150 g Haselnußkerne, fein gemahlen · ½ Teel. Zimtpulver ·
1 Prise gemahlene Gewürznelken ·
250 g Mehl · ½ Päckchen Backpulver ·
etwa 100 ccm Milch
Für die Form: Butter und Mehl

Bei 16 Stück pro Stück etwa 1200 kJ/ 290 kcal
6 g Eiweiß · 17 g Fett · 26 g Kohlenhydrate

- Vorbereitungszeit: etwa 30 Min.
- Garzeit bei:
  Mikrowellenleistung 180 Watt
  mit Umluft   180°
  oder   35 Min.
  Mikrowellenleistung 180 Watt
  mit Ober- und   200°
  Unterhitze

So wird's gemacht:
1. Die Kirschen waschen, abtrocknen und entsteinen. Die Marzipan-Rohmasse in kleine Würfel schneiden.
2. Die Kastenform gründlich mit Butter ausstreichen und mit etwas Mehl ausstäuben.
3. Die Butter und den Zucker mit den Quirlen des Handrührgerätes schaumig rühren, bis der Zucker nicht mehr knirscht. Die Eier einzeln kurz unterrühren. Den Rum untermischen.
4. Die Nüsse mit dem Zimt, den Nelken, dem Mehl und dem Backpulver mischen und eßlöffelweise abwechselnd mit der Milch unter den Teig rühren. Die Kirschen und die Marzipanwürfel vorsichtig unterheben.
5. Den Teig in die vorbereitete Form füllen und glattstreichen.
6. Die Form auf dem Rost in die untere Schiene des Gerätes geben und den Kuchen be iMikrowellenleistung 180 Watt und Umluft 180° etwa 35 Minuten backen.
7. Die Stäbchenprobe machen. Wenn an einem Holzstäbchen, das man in die dickste Stelle des Kuchens sticht, beim Herausziehen keine feuchten Teigreste mehr haften, ist der Kuchen fertig.
8. Den Kuchen in der Form etwas abkühlen lassen, dann vorsichtig auf ein Kuchengitter stürzen und erkalten lassen.

Rezept und Sachregister

Kursiv gesetzte Seitenzahlen verweisen auf Farbbilder

Rezept- und Sachregister

Welches Geschirr Sie im   ▷
Kombinationsgerät am besten
verwenden, wird auf den Seiten
6 und 7 erläutert.